文章偶得

——命題考試的能力

作者　林世奇

輯三、定勢——怎麼讀？為何讀？

輯四、通變——考試、命題

輯三・定勢

怎麼讀？為何讀？

成為自己

最近剛講完台灣女性的古典詩文選，接著又講張愛玲的〈天才夢〉，說了很多想說的話。我想，我可能要把其間連續貫穿的一些觀念記一下，以備遺忘時查考。

選了台灣女性古典作品，看起來像是要弄個性別議題。但我們真正要面對的，其實不只是性別的課題。在性別課題後面，有一個更重要的東西，是比性別議題更核心的東西，那就是「自我實現」，關於「成為自己」這件事。

我們看了這些人的作品，會覺得好像那就是女性出頭天的代表例子。但不管是張李德和或陳黃金川，她們都是那個時代的極少數，寥若晨星。她們念的是一流的學校，但絕大多數的臺灣女孩根本沒有那樣的求學機會，不要說學院、高中，連好好念個小學的機會也幾乎沒有。

我有一位姑姑和張李德和一樣，是三高女（現在的中山女高）畢業，算是夠優秀了，她高三時因成績優異，被保送日本東京的帝國大學藥劑系。但是她沒有去成，因為家裡不同意，她父親說：「女孩子念那麼多書做什麼？」

那位姑姑已經算是當時家族裡罕見的「知識份子」，絕大多數的女生，是像我母親這樣的，連上小學的機會都會被否決。外公不讓她上學，並不是不愛她。而是他身為大家庭的主事者，必須力求公平，如果母親上了學，就給「查某囡仔上學」開了先例，整個大家庭裡那麼多女生，家裡都得為她們準備六年的學雜費，家中經費有限，不能不加以限制。於是，為求公平，他連自己的女兒也不讓上學。

她平日逆來順受，但不能上學這件事使她痛苦絕望，終日號哭不止，一直哭到她的阿嬤心軟，親自為她求情。外公拗不過自己母親的情面，終於把學費給了我媽媽。可以想見，在那樣的時代，能上學，能認字、能看書，那是多麼奢侈的夢想。但那六年換來的，也不過是小學畢業證書，什麼都還談不上，出了門大字還識不了一擔。

「女生沒有機會上學」，確是個性別問題，但上了學以後要幹嘛、能幹嘛，學了以後又怎樣，才是真正核心的問題，而且是我們這個年代的孩子更應該思考的問題。

有些人在想這件事的時候，思維只停在「女生可以跟男生一樣」，或者「跟別人一樣」。若只停在那樣的思維層次，當然完全不夠。上學真正的意義，其實是在於「有機會更好地成為想要的自己」，而不是「跟別人一樣」。

很多人讀了一輩子書，老想著要爭要搶，最後連自己到底要什麼都搞不清楚，原來只是別人大旗下的嘍囉，甚至是焦慮的餓死鬼（永遠覺得自己得到的不夠）。上了學，又怎麼樣呢？那是很大的悲哀。

這就是我覺得這些文章一定要講深、要講透的原因。

比如陳黃金川的這首詩。這其實是很普通的詩，用的多半是老套的詞彙，章法也有點板滯，並沒有什麼靈動之感，說穿了，就只是在說幾個簡單的觀念而已。

在課堂上，對我們來說，更重要的可能是帶出一些更深的課題。比如說，題目叫做「女學生」，好啦，上學了，可是「學」到底是為了什麼？負笈遠遊，這件事真正的意義何在？女生能到日本去念書，或者去到更遠更多的地方，對生命的意義到底是什麼？這些問題應該要想一想。

她的詩裡，最有討論空間的可能是第三聯：「書深莫被文明誤，學苦須從哲理求。」說真的，這語氣、這用詞，實在是平庸，真沒什麼了不起的地方，真的不是什麼特別好的詩。

尤其是「哲理」二字，實在俗透了，但這裡面有個思維，卻是很有價值的：讀書如果不是在追求人家所認定的「文明」，那麼讀書到底是為了什麼？追求什麼？

作者用「哲理」兩個字，真的太呆了。但如果我們取其意而略其詞，換個方式解讀一下，它也可能是在說：讀書、學習，是為了「把腦子弄清楚」。

只有把腦子弄清楚了，人才會有機會更好地成為他想要的自己。詩的題目是「女學生」，學生學生，什麼是學生？就是學習如何活出自己。這就是學習的目的。

鍛鍊自己的腦子，學會把事情想清楚，然後才能弄明白，自己到底是誰，可以是什麼。這就叫做「盡心知性」。能這樣，才能痛快地活出自己的模樣，真正成為自己。

有許多孩子一直都弄不懂「自己」的意思，多有混淆。

有的孩子以為長相的美醜、身材的高矮胖瘦是自己，其實不是，那只是軀殼。有的孩子以為念什麼學校、哪裡人（譬如「我是臺灣人」）是自己，其實不是，那只是環境、是身分的界定和認同。有的孩子以為愛打球、愛念書、愛睡覺是自己，其實不是，那只是習氣而已。

軀殼、環境、身分認同、習氣……，這些都不是自己，不過是廉價標籤罷了，這哪還需要什麼學習？通過覺察和實踐，把「天賦」的蓋子挖開，看到裡面的東西，並且好好體現出來，那才是「成為自己」。

上完這一課，我們緊接著就上張愛玲的〈天才夢〉。這本來是很好的安排，但打開課本，從編者寫的文字，就能看出我們平日對於自我認識的受限有多深。

「你認識自己嗎？知道自己有哪些優點和不足？」這看起來平平常常的一句話，裡面其實是很板滯的價值判斷，只是自己不容易覺察。

認識自己，首先就必須擺脫一般的價值判斷，不擺脫，就開啟不了自我認識的大門。什麼叫「優點」？那是什麼樣的價值系統中的優點？什麼叫「不足」？在哪一個價值判斷中被認定為不足？如果我們已經開始進行這種世俗的判斷了，那麼，我們就已經關閉了認識，只不過是在進行方便的「歸類」而已，哪裡真能認識什麼。

張愛玲寫〈天才夢〉，最有趣的地方，在於這是個「夢」。換句話說，她讓文章的意緒停在「夢」上面，她沒有要對自己下一個什麼道德正確的判斷，沒有。

她沒有要抒情，說我的天才夢如何遠大美好，沒有。她也沒有要反省，說我的天才夢如何愚蠢可笑，沒有。她只是說，我是這樣一個古怪的女孩，做著這樣的夢，荒唐謬悠，歡喜又憂愁，如此而已。

「夢」可以是抒發或描繪，可以是調侃或自嘲，可以是生命之歌的高唱或吟哦，它不一定要反思或惕厲，也不一定要什麼積極的悅納，更不用為自己的天才夢做任何的批判或辯護，它可以完完全全是一場審美活動，為什麼不行呢？

我們好像不太習慣這樣，停在那個審美的距離上，好像非得要用一種篤定的價值判斷，尤其是道德、理性或實用的判斷，才覺得安全。

所以，有了夢想就要實現，有了缺點就要克服，有了悲哀一定要消弭，有了幼稚一定要成熟。這真要命。

這也是我目前在教語文時，所發現的嚴重問題。當學生不知道要給她所寫的內容定位時，最安全的作法，就是揣度大人的心思，給一個「熟套語」，依此作結。

我每次看到「熟套語」的時候，都會皺眉頭，心裡面忍不住喃喃咒罵：「少唬爛了！」「能不能換別句？」「最好你真的這樣想……」寫東西想偷懶時，就來這一招，但讀文章的人並不都蠢，看了怎麼能不皺眉？

我們的題解裡說：「文中顯露的生命體悟，以及自我察覺與接納的勇氣，值得讀者深思、惕厲。」

啊是要「惕厲」什麼？「惕厲」自己不要成為張愛玲嗎？喔，作夢吧，沒有那點靈氣的話，投胎八輩子，也不會成為張愛玲的。

不然是要「惕厲」什麼？「惕厲」自己要接納生命裡爬滿的蝨子嗎？張愛玲有這樣說嗎？有這個意思嗎？張愛玲一點也不喜歡蝨子，而且最討厭的就是蝨子。誰說她悅納了？

所以，我們可以很容易地看出來，編者也在用「熟套語」，跟我們正在練習作文的同學沒有兩樣。當他找不到位置去安放它要說的東西時，想不通、想不透，最後的結果都是「套現成」。

這可能跟審美素養有關。就是找不到位置去觀看生命，無可奈何之時，只好都複製現成的價值系統，現成的判斷。但是如果這樣教，再好的文章，可能都教壞了。

所有的文章，都是在對自己的生命處境，展開一種存在的觀看和認識，其間會隱含著可能的判斷，但即有判斷，也未必是道德判斷，它可以純粹是趣味判斷，也就是審美的觀照。

審美的觀照，時常是文章裡最重要的功夫，寫文章、讀文章，都需要這個，沒有這個，文章時常就成了文告，乾枯了。

張愛玲的〈天才夢〉，裡面有一種濃郁的「女孩子」的氣息。她回顧成長歷程時，和「自己」維持著一種微妙的距離。

當她在寫自己天才般的表現時，就像是半調侃半嘲弄地，說著一個悠遠的故事。她可以把小才女的頑固幼稚、思慮不周、缺乏毅力這些面向，和興趣廣泛、主動嘗試、聰明靈慧、想像繽紛等特質完美地融合在一起。那個小女孩就像從紙面跳出來，鮮活可見。

而她這個身為過來人的敘事者，並不擅自介入其間，像一般大人一樣，做著「顯擺自己、欺負小孩」的種種教訓。她沒有，她幽幽說著故事，故事引人入勝，悅耳動聽，她並沒有把什麼判斷放進去。

當她在說自己喜歡堆砌的時候，一點也不像在讚美天才，但卻是紮紮實實地在證明著自己近乎耽溺的「敏感」。

當她在描述自己驚人的「愚笨」和近乎「廢物」時，她也不是像教科書說的那樣，在「自貶」，她只是如實地描述自己那鮮明有趣的一面而已，沒有要「貶」什麼，拜託，不要一天到晚老急著下判斷，真要命。

她在無人世界裡的歡悅，和塵世裡咬齧性的煩惱，都是一場透澈見底的自我敞開。敞開自己的歡悅和煩惱，敞開自己的喜樂和悲愁，這已經是一場精采的生命流露。

這樣的生命表述，無待於教科書上說的「自我悅納」和「生命感悟」，就已經在審美活動上自我完足，根本不用感悟什麼大道理，也沒有什麼大道理。

那麼，篇末那一句：「生命是一襲華美的袍，爬滿了蝨子。」難道不是她徹底的感悟嗎？感悟個屁。

那是她針對自己的古怪，就自己的感覺做了總結而已。生命是華美的袍嗎？那是張愛玲，你什麼時候華美了？華美給我看看？你的生命也爬滿了蝨子嗎？我就一點也不覺得。

還感悟，那是她的苦惱，不是什麼感悟。她晚年還深受蝨子之苦，把頭髮剪了，與世隔絕，一直苦惱到死，這算什麼感悟。

學習是為了成為自己，創作是為了進入自己、探索自己。讀作品的時候，如果不往深處講，我們讀的每一篇，都會變成「熟套語」，不管換什麼教材，在本質上和以前的「蔣公遺訓」都沒有什麼差別。

土地文學

每次和年輕人聊天，都會有一些或多或少的觸發，其實我很感謝他們。因為他們很年輕，發問時很誠懇，在回答他們時，總要設身處地，牽著帶著，不知不覺又回到某種學習狀態裡，回到比較深沉的內在世界裡。

昨天說到了幾篇散文。有些文章，要讀進去時，孩子覺得不太容易，找不到方法。

我的建議是，每篇文章，都要找到一個適當的切入點，而且要自己找。

不是找到這篇文章「怎麼講」，而是找到這篇文章「跟我有什麼關係」。

我們總是要先能和自己對話，然後才能和別人對話。自我的對話越深入，要和別人對話時，就越有機會進入到比較深的層次。

比如說，咱為什麼讀郁永河的文章？像〈北投硫穴記〉這樣的文章，要讀它的什麼？我們選它的原因是什麼？是冒險嗎？

我想可能不是，或至少不只是。

這些文章因為我們還不熟，我們還沒有弄出招數和套路，不會輕易就拿出眼花撩亂的本領來表演，所以它反而有好處，它可以提醒我們重新練習怎麼讀文章，尤其是不熟悉的領域。

看文章，其實都是在練習看見自己和世界的關係。

每一篇文章拿到手裡，都不宜急著尋找套路、招式，而最好先停下來，看看這樣的文章對我們的生命而言，究竟意義在哪裡。所謂我們，不是別人，不是學生，不是聽眾讀者，就是自己。

比如像郁永河的遊記，我自己看的時候，看到的是人和土地的關係，是人對土地的一種觀看，一種驚嘆。

郁永河是幾百年前的人物，他踏上這塊土地時，這塊土地還是渾渾莽莽，渾樸未鑿。當他乘船進入台北地區的時候，康熙台北湖的水也許還沒有完全退去，船入甘答門（後來改名關渡），顛顛簸簸地在淡水河上航行，那時他看見的是什麼？

河的左邊是觀音山，右邊是大屯山，而河道深入以後，觸目所及全是一片荒涼。在莽莽叢林之中，他見到的是各種不知名的巨獸和野林，聽到的是難以想像的吼聲和鳴叫，在這片荒原裡面，有無以名之的原始生命力在轟轟嘶吼。

我平常不大喜歡龍應台的文章，但她有幾段說得特別好：

從海上來時，遠遠就看見海島被濃綠覆蓋，知道它山林深邃，林中隱約有獸。」「這個島，山林莽莽鬱鬱，是野獸的家鄉。野牛成群，麋鹿遊走；山豬藉樹幹磨著巨牙，黑熊躍進溪水捕魚，大蛇蜷起身體曬太陽，與人一般高的猿猴發出磔磔笑聲。在這裏，每一條溪谷裏都有怒水奔騰；每一株樹都長得蔥蘢茂盛，青草上榻，旋拔旋生。每一個動物，都有它藏身的深林洞穴；每一個洞穴，都含著泥土和青苔的氣息。

這裡面當然有她的想像，她不曾親見。但這一段文字，很顯然，是因為讀了郁永河的文章，而產生了這樣的觸發。

這就是郁永河帶給我們的東西。

換句話說，郁永河的文章，也許正填補了我們對這塊土地的某些記憶的空白，帶著我們重臨現場，召喚山河土地的深層記憶。他所看見的土地，是我們生長游息卻不及看見的原始樣貌，是湮沒在櫛比鱗次的房屋街道底下的那些遙遠的記憶。

郁永河來這裡，原來的任務是採硫，但真正吸引他的，其實是一個洪荒神秘的世界。一路行來，他且吁且嘆且驚疑，並且唯恐忘卻了這樣的驚喜，在燈下急急展紙磨墨，細細書寫。

對他來說，那是一個處處驚奇的海外新天地，比陶淵明的桃花源真實百倍，尤其因為原始渾樸，未經開鑿，極可能是他生命中出現過的最壯麗的風景。

幾百年過去，這塊土地已經幾度翻覆，樣貌幾乎全然不同。我們生長於斯，理所當然地自認為是土地的主人，卻從來不記得、不知道這塊土地有過的樣子。

幸好有這樣的文字，不帶成見，在且驚且喜中急急忙忙寫下的記錄。

這樣的文字，帶著我們重新感受那早已經被遺忘了的，這塊土地原來的樣子。通過他的文字，我們得以感受那土地的溫度和濕度，還有裡面豐沛原始的，瀰漫鼓盪的生命氣息。

可嘆的是，我們倚恃著這塊土地的哺育而生，吮吸著這塊土地的養分和精華，卻早已身不由主，在反覆堆疊的文明建築裡，將土地的深沉樣貌漸次遺忘。

人類的步履足跡，其實非常短淺。一拿起幾顆石頭，幾把鐵鍬，就按捺不住，要在土地上砸出許多窟窿，證明自己曾有的存在。可在砸爛了山河樣貌之後，就再也記不起洪荒世界給出的乳汁養分，究竟是什麼氣味。

人類的存在，如此脆薄而健忘。

我們在自己構建的文明世界裡，悍然為尊。屋宇高聳，門面鮮明。那些外頭的山風海雨都遠了，泥土和青苔的氣息也淡了，至於轟隆隆隱隱作響的土地脈搏，則幾乎只是一廂情願的想像，好像誰也不能證明它的存在。

讀文章時，我們總讀大文章，就算讀遊記也是。裡面總是人文的感悟、哲學的思辨、歷史的縱深。

好比柳宗元的西山宴遊，總要在「是山之特出」裡面，來個「不與培塿爲類」的感嘆，然後帶我們去「悠悠乎與灝氣俱，洋洋乎與造物者遊」的境界，感悟至理。

要不然就是蘇子由的〈快哉亭記〉，提醒我們要記得開拓「蓬戶甕牖，無所不快」的胸襟，才能夠「濯長江之清流，挹西山之白雲」，窮耳目之勝以自適。

或者族繁不及備載的大文章，我們都知道的，赤壁上的江風，蘇子與客的水月。或者王羲之的崇山峻領，茂林修竹。

不管是長江還是西山，不管是江風還是水月，它們都只是背景。真正的主角，總是這些文人自己，他們在文字裡演出著生命的掙扎，告訴我們，在貶謫流浪的路途裡，他們是如何轉化生命，走出新境。我們很容易地就把眼光的焦點，聚集到他們的文化創建裡去。

而此山彼水，則都成了默默無言的配角，或純粹只是布景。

但土地和河流，是為我們而存在的麼?它們在蒼蒼莽莽的天空底下，雄距高臥，汩汩奔流，從來不言說什麼，也從不依附什麼，全然自足。

它們或空谷清音，或山濤鳴響，在無數的春花秋月裡，一次次滋潤著人類乾渴貧弱的心靈，填補我們的蒼白和枯瘠，然後默默退回去，還是布景。

幸好有幾篇遊記、幾張短札，幾本不起眼的小書。把土地山河當主角，為它們弄幾幅速寫，來幾首短詩，或者寫下幾篇札記，記錄著這塊大地上瞬息萬變的這個和那個剎那，帶我們回到時間流裡，重新俯瞰那被遺忘的大地。

通過這些文字，在時間流的回溯裡，我們健忘的生命才漸次拉長，得到了微妙的救贖。在這樣的俯瞰裏，我們脆薄的生命裡才得到了慰撫和擁抱，得以重新汲飲土地的乳汁，和其中豐厚的生命氣息。

所以我們讀它，或者也試著重臨土地，重新書寫。每一次的讀和寫，都在觀看和還原，觀看土地，還原自己。

講到這，我總忍不住要說說簡媜。她寫基隆河，自有她的觀看，但有許多重要的場景，她終究沒能看到。她知道基隆河「活生生搞出讓專家頭疼欲裂的一百八十度大轉彎」，可她不知道這條河哺育了我的家族，還有無數的鄰里鄉親。她的文章裡，竟然說基隆河「對吃的東西不感興趣」，以為基隆河畔不產農作物。

其實，她所說的「一百八十度大轉彎」，正好是沖積出肥沃土壤的良好條件。由於沙洲沖積，土壤肥美，所以這裡生產的農作物向來豐富，竹筍、小白菜、高麗菜、芝麻及早田稻都是族人栽種的大宗。

我祖世居基隆河北上轉彎之地，痲竹漫山遍野，因而名之為「竹圍仔內」。這裡的竹筍鮮嫩有如水梨，煮成湯汁，白稠鮮美。至於「蕃薯種」（即蕃薯藤）尤其遠近馳名，每一藤都生三斤以上，只要長七十二天就能生蕃薯，得名「七十二早」。常有人遠道來此，僱人剪取蕃薯藤回去種植（我的祖母就是其中的快手）。這裡因而被稱為「臺灣蕃薯藤的故鄉」。

河畔如此，河中更不消說，蛤蜊、魚蝦都不缺，河上常有扒蜆仔船在作業，平常農閒，到河裏摸蜆的人也很多，俗諺「一兼二顧，摸拉仔（lâ-á）兼洗褲」，就在這樣的背景中產生。

簡媜看到基隆河的氾濫，所以說「如果有河川法庭，憑他的叛逆行徑，一定被押入少年河川感化院。」可她不知道基隆河是我們整個家族的母親，養活了無數我的先輩和族親。

我們和土地的距離竟然可以那樣遠，以至於我們甚至不認得自己的母親。

所以我們終究要觀看土地，閱讀山河，然後才能完整地還原來處，還原自己。

讀遊記，讀山水文學，讀自然寫作，在這個意義上，既是重新觀看這塊土地，重新溫習人和土地的關係，也是重新歸返自己。

憶舊

最近在上琦君的〈髻〉，很自然又碰到了「憶舊懷人」這個標籤，那是琦君身上的常見標記，還常常被當作重點。

都說琦君「憶舊懷人」，課本這麼寫，考試也這麼考，好像真的就是這樣，大家也就把它當一個作家風格、文學知識，記下來，也就罷了。

但是，「憶舊」真的是她的獨特風格嗎？如果說「憶舊」真是她的特色，那為什麼就只有她特別「憶舊」呢？其他的作家不「憶舊」或少「憶舊」嗎？她又為什麼老要「憶舊」呢？「憶舊」有什麼特別的價值嗎？

我們上國文，有時好像就是在幫每一個作家畫框框，只要框出來了就行，這樣，我就「掌握了文學知識」了。可框那個框框到底要幹嘛，卻常常不明所以，好像只是為了分類記憶的方便，只要把它們都分開來記憶就對了。

這大概就是人家為什麼要批評「惰性知識」的原因，教書的惰了，也帶著學生一起惰，於是慢慢就失去了話語權。說穿了，那話語權也許根本就是自己放棄的，怪不得別人。

琦君是憶舊，但關於憶舊，我還想說點別的。

憶舊，恐怕不是她的專利，而是許多作家的共通點，只是大家用的方式不一樣。更重要的是，憶舊這件事本身並沒有多大意義，真正有意義的在於：人為什麼要憶舊，他們在憶舊的時候，其實究竟是在做什麼，他們想做什麼，他們又能做出些什麼。

周志文老師在幫我的《洲尾紀事》寫序的時候，曾寫了一段話，他說：

其實我們的一生都在兜圈子，走得再多再遠，在另一角度看，也是一個地方罷了。義大利導演費里尼一次跟朋友說：『長久以來，我總想拍一部關於我老家的電影，也就是我出生的地方。』但他朋友說：『依我看來，您從來沒拍過別的地方呀！』好的藝術自來就是從自己出發，不忌表明自己的觀點，文學也是。

周老師說「從自己出發」，這話裡面還有很多延伸的空間，創作的時候，既是從自己出發，也是在探索自己、詮釋自己、理解自己、安頓自己。

所謂「憶舊懷人」，無非是在那些消失的歲月裡尋找碎片，在那些古老蒼黃的影像中摭拾記憶，用以重建那些消逝的時空，再現那些曾有的存在，然後呢？然後自己的存在和存在的理由，都於焉得到了位置。

琦君寫父親、寫母親、寫姨娘，腦海裏面有無數記憶的碎片，還有各種理不清的複雜情感，但在創作的時候，她必須找到一個角度、一個方式去描述、去稱說，以便於安放這份記憶。

當在她找到的時候，那些所有的曾經的存在，都得到了理由，事實上，是作者找到了一個適當的脈絡去安放它，既安頓了那些記憶，也就重新安頓了自己。

作為一個觀看者、敘述者，她必須找到方式，去安頓父親的薄情移愛、去安頓姨娘的爭寵炫美、去安頓母親的保守落伍，當她找到敘述方式的時候，她作為記憶者、當事人，她的存在同時也就找到了位置，得到了適當的安頓。

換句話說，創作者筆下所寫的世界，其實都是在寫自己，裡面的觀看方式、敘述方式、詮釋方式，其實就是對那些存在過的記憶，找到自己的態度或評價。

所謂「憶舊懷人」，其實只是在重建自己的存在記憶，並為那些記憶找到適當的安頓方式。

那麼，誰不是在寫自己的存在記憶？誰不是在為那些記憶找到適當的安頓方式？就算是寫未來的、奇情的、科幻的，也都無非以自身對存在的認識和決定出發，來重構一個新世界。那個新世界的建構，正是為了回答自己的存在：我們是怎樣活著的？為什麼活成這樣？活成這樣好不好？意義何在？不然又應該活成啥樣？

所以，所有的「憶舊」文字，其實都是當下「重構」出來的，是此時此刻對存在的詮釋和安頓；所有的前衛作品，可能也都是記憶的輻射或變形，它仍然是此時此刻對存在的詮釋和安頓。我們寫這個世界，其實都是在「給自己此刻的靈魂找位置」。

我當初寫那些關於洲尾的文字時，還沒有這樣清楚的自覺，但等到這一路走過來之後，再看其他的作品，真有點恍然大悟的感覺。

原來，不是只有鄉土作家在尋根，當然也不是只有琦君在憶舊，也許，大部分的寫作者都在做類似的事情，就是詮釋他自己，說說自己是誰，說說自己是怎麼來的，然後說說自己可能往哪裡去。

柯慶明老師有一篇文章，題目是〈文學美綜論〉，裡面談到了文學的核心是什麼。他說，文學和其他語言文字的表現形式最大的區別，就是「生命意識」。所謂「生命意識」，就是意識到自己的存在或存在處境，並在這樣的認識之中，表達或隱含了某種關於存在的決定。簡單地說，就是對「存在」的認識和決定。

所以，廣義來說，每個創作者可能都在「憶舊」，只是方式不同。有一種作者，將那些舊記憶幻化、變形、重構，以一種新的方式重建了自己的存在。還有一種作者，將那些舊記憶尋出時空座標，還原歷史現場，努力做到擬真再現。其實，他們本質上都是存在的重建，都是倫理的抉擇。

我們習慣把後者標記為「憶舊」或「尋根」，但標籤貼完之後，很快就忘了「人為什麼要憶舊」，最後只剩下一種扁平的認識：憶舊就是念舊、就是溫厚、就是重感情，所以，琦君棒棒。

這樣讀琦君的文字，那就千部一腔、千人一面了，哪裡還有什麼味兒。

〈陽關雪〉讀後

我從陽關回來，隔了一段時間，發現余秋雨的〈陽關雪〉被放進課本，當作教材。有了陽關之旅的親身經歷，再細讀這篇文章，卻有了很多不一樣的感慨。

余秋雨的許多文章，當作輔助教材來瀏覽，其實是很不錯的。但這篇文章讀著讀著，我突然覺得，裡面有一種「造出來的苦」，可以拿來妝點、歌詠的苦，這種苦，讓人讀了總是不太舒服。

今天又重讀一次，發現這篇文章裡有個習慣，總是在做一種「限制性」、「宰制性」的命題。譬如：「有這樣的地，天才叫天。」「有這樣的天，地才叫地。」「這兒應該有幾聲胡笳和羌笛。」連天地都得按他的規定存在，哪兒該有什麼，也全得依他的要求，沒有，就得悲啼、控訴。

這種句子，好像在說，你只能在我的思路裡走，不是這就是那，漸漸形塑了一種專斷而宰制性的世界，不按他的規定，悲情就在這個基礎上產生。

他的文字裡，所以總是控訴和悲憤，總是苦。

那些戰死的士兵，一定必須成為他要的模樣，「我相信死者臨死時都面向朔北」，「我相信他們很想回過頭來給土地投注一個目光」。

他的那些「相信」，充滿了夢囈的情緒，而被視為「美文」。

如果容我說兩句，我真想替這些士兵叫屈：「我面向哪兒你也管？你住海邊嗎？」他這篇文章主要的悲憤，是從「繁星般的沙堆有沒有換來史官的墨跡」開始的，可我能不能替陽關的沙墳問一句，為什麼我們非要換來「史官的墨跡」？我們不能靜靜躺著嗎？

更可怕的是，因為「寫在這個荒原上的篇頁比較光彩」，所以「這些沙堆們還鋪陳得較為自在」。

這樣的思路，似乎正是余秋雨文字裡隱含的價值內核：沒有光彩，就沒有了自在，所以到了中原，大家就得「發悶」，就得是「冤魂」、「悲憤」，就得是「疑竇重重」，所以這個荒原若能被寫上幾句，就相對「還算榮幸」。

我們的陽關，可不可以單純作為一天一地的存在，本色的存在就好，不要那麼渴求「榮幸」和「光彩」，可以嗎？

這麼酷愛榮幸的作者，接下來不但要為士兵控訴，還要興致勃勃地為王維控訴。王維在他筆下，突然就變得委屈了，就只剩下狹小的邊門了，突然就只能是文化侍從了。

這些該死的王朝，都不如作者懂得藝術、人文、美和人性，所以「文風都刻板了」，陽關就「淒迷」、「寂寞」了，甚且「西出陽關的文人越來越少」了。

這是要控訴誰？是王朝不讓文人去陽關？還是陽關這裡在唐代之後就沒有好詩？若真沒有好詩又是要怪誰？一千年的王朝都笨，還是讀書人都蠢，一千年來的文人都不如余先生？

「文章本天成，妙手偶得之。」詩心不是在天地之間飄蕩，隨處而發的嗎？它從來不消失，會心者得之，如是而已，用得著這麼悲呼愴啼嗎？

為什麼就非得要有幾個詩人，抱住陽關，吟誦唐詩，然後這陽關才不寂寞？

這種淺窄憋屈的造情手法，就是這些「文人」最讓人感到矯情的地方。

這類「文人」尤不可愛之處，還在於他們老愛給死人強逼著抹上他專屬的化妝品，還做出同情悲憫、情操高尚的樣子。

更荒唐的是，他連土石也不放過，「即便是土城是石城也受不住見不到詩人的寂寞」？他不但管王朝，管士兵，管王維，他連土城、石城也要管，非得逼它們承認他們寂寞、他們需要詩人？是的，一千多年前有「壯美」有「宏廣」，這一千年來，他們「沙墳如潮，寒峰如浪」，可人家就不能依舊壯美宏廣，就非得只能是「哀音」了嗎？他們就非得寂寞，就只能等著你這最懂得「藝術」、「人文」、「美」和「人性」的余先生前來憑弔了，才能夠略略感到有一點知音光臨的榮幸嗎？

這樣的陽關，想想，也真是太可憐了。

親自從西域的絲路一路往中原走回來，我其實一直有一種感覺，邊塞的迷人之處，在於它的遼闊蒼涼。

因為在那樣無邊無際的天地裡，我們很容易意識到人類的渺小和限制，從而對自身的存在做出反思。人類甭管整出什麼天大的動靜，在這關隘上的遼闊蒼涼裡，也就只是老兵的一首不成調的低吟，天邊的一抹殘雲，深夜的一點星光，如此而已。

在這種地方，沒有甚麼好聲嘶力竭的。

真正站在陽關，就會知道，人喊破了喉嚨、喊啞了嗓子，也就是自己聽見，或者頂多遠處的馬匹會轉過頭來看一眼，還能瞎哭瞎嚷個什麼勁？

在那樣天寬地闊的蒼茫裡，人的渺小實在是驚人的，在飛沙曠野裡，連嘆息聲自己都聽不見。正是在這樣的醒覺裡，那些被過度放大的人為糾結與刻痕，有了被消減和淨化的可能。

我還很疑惑的是，他連「陽關故址」四個字都弄錯了，寫成了「陽關古址」，他真的去過陽關嗎？

好吧，這也算吹毛求疵，那我真正的疑惑是：如果他真的去了，被那樣的大地樣貌所洗禮，怎麼還會有這麼多的牢騷（或者假牢騷）？

陽關一定要有詩人？一定要王維那樣的詩人？而後代的文學作品中提到陽關，一定要是悲傷的，一定只能在夢中，一定是因為王朝的文明退步了，一定是因為他們只開小門給藝術家，只讓他們當文學侍從之臣，所以詩歌和藝術都凋零了？陽關、大地、政府、歷史，為什麼要背負這些奇怪的要求啊？

李白也是文學侍從之臣，他不過就是個翰林院待詔，那他那些偉大的作品都是怎麼來的？政治上的對待，能夠決定一切文化藝術的成就嗎？

我忍不住懷疑，這「文化苦旅」中的苦，有很多都只是被他造出來的。

找個已經死透了的王朝，控訴一番，找個像王維這樣「高大上」的詩人文人，哀憐舔舐一番，順便讓自己也站到詩人文人的隊裡，品嚐各種清高和悲憤，把整個文化和不是文化的石頭土城都納入管轄範圍，只為吐出一口苦旅的悲歌，狀若高士長嘯，引來千萬粉絲，於是寫作任務完成。

然而事實上，陽關並沒有甚麼榮幸，也沒有甚麼淒迷。在偌大的天地之間，人們在驚覺到自己渺小無比的剎那，也許不會那麼奢侈，拿那麼多自憐自傷的情緒來餵養自己，妝點古人。

不管是寒風凜冽，還是烈日當空，陽關的茫茫曠野和飛沙，都會把這些孱弱的悲啼捲進大地，捲進天空，散入無邊無際的地平線，只剩下蒼茫而已。

大地本來不必只有一種聲音，陽關也不必總來詩人，邊疆曠野不必總在希冀王朝史官的垂青，而這些奄忽若飆塵的唐宋風流，更不需要如喪考妣的憑弔痛哭和正義控訴。那些邊塞詩歌的背景，就是人力所及的一場軍事政治和經濟的演出，帶上了許多才人們與那時代相遇的驚呼和嘆息，如此而已。

他們的消失讓我們眷戀思念，讓我們夢迴低吟，但他們來自大地，歸於大地，只是讓出舞臺，給一代一代跟他們一樣奄忽即逝的渺小人類們繼續演出，如此而已。

歷史在往前奔流，他們在雲氣煙塵裡，悄無聲息地散入蒼茫的太虛，其實並不需要咱們為他偽造各種冤屈和悲憤，也不需要我們藉由憐憫和控訴來加入他們。

我們履跡陽關，能看見自己的微渺，看見歷史的厚重，看見天寬地闊的蒼涼，把自己利欲薰心、軟弱蕪雜的靈魂，放在那黃土和藍天裡略洗一洗，就已經很夠了。再要惡搞古人，讓古人排隊給自己抬轎，就真的不必了。

〔後記〕

余秋雨這篇〈陽關雪〉，其實可以有很多種不同的談法。以今年來說，我的授課焦點就轉到了「余秋雨想解決何種問題」，和去年有點不同。這個文章有再多缺點，無論如何，在整個思考的脈絡上，也算是試圖解決一種文化退步或墜落的問題。儘管他提出來的答案很可能在邏輯上有很大的漏洞，很多地方站不住腳，他過度高估了政治的影響力，又把很多複雜的現象用氾濫的感情把它們全部壓得扁平，這當然是他的問題所在。但無論如何，他所提出來的問題，還是很有啟發性的。

當他在談「盛唐風範不再」的這個問題時，其實，會讀書、能讀書的人就可以再做更深入的探索，譬如：所謂的盛唐風範，真的是一種文化上的高峰嗎？從唐代進入到宋代，一定是一種文化上的倒退嗎？在學術史上，它其實極可能有很不一樣的解讀。

等我們思考到這些層次時，自然而然的就會超越作者，走到更前面的地方，更深入一些：「九州的文風變得刻板了」？真的可以這樣簡化嗎？好，退一步說，即使它是墜落，那麼它衰弱的原因何在?真的是因為政治上的影響嗎?政治上的影響有這麼大嗎?文人被看成是「文學侍從」,就寫不出好東西了?如果影響真的那麼大,那麼在「九儒十丐」的元朝,還能夠產生什麼偉大的文學作品嗎?

王國維說:「元曲之佳處何在?一言以蔽之,曰:自然而已矣。古今之大文學,無不以自然勝,而莫著於元曲。」「自然」,既然是這麼重要的文學指標,元曲又毫無疑問地特別顯著,那麼,這朝代的文風刻板嗎?——我們不要忘了,那是元朝,九儒十丐的元朝。

大家都說宋明理學、宋明理學。宋朝有理學,明朝有理學,元代呢?因為它輕視讀書人,所以就沒有理學家嗎?連帶的理學家也就不重要嗎?元代的理學在歷史發展上起的作用是什麼?

這些問題,要是按照余秋雨這種過度簡化的思維,那無疑就什麼都看不到了,可那是解讀歷史的基本能力,一個文史學者不應該無視。

余秋雨似乎以為政治力大得不得了,彷彿政治就決定了一切,因為王維的藝術成就被朝廷輕慢了,所以陽關就沒有好作品了?那先前朝廷到底是多重視藝術,才在這塊土地上長出了一個王維、一個李白?他們是朝廷重視或培養出來的嗎?

像這些顯而易見的誤謬,要是照本宣科給學生,當然是非常危險的,那是愚弄學生。不過沒關係,這文章還是可以讀,當我們帶著學生一起閱讀這種文章時,他想思考的問題,我們也可以一起來思考,超越作者的局限去思考。那,就有很多的課題可以在課堂上展開了。

課堂問答

這一次上旅遊文學的作品——余秋雨的〈陽關雪〉，我設計了十二道問題，給出相關的作品和評論，讓他們針對題目，各自閱讀課文、補充教材，進行分組討論和發表。另外，容許他們自由改動題目，或自行設計新題，找到任何自己想要的切入點來進行評論，以完成他們的課堂報告。

我的工作，主要是回答問題，和隨時進行補充。除非學生提問，原則上不做課文的細部講述。在討論的過程裡，同學一組一組的來提問。我很驚喜的發現，升上高三，有的同學越問越深入，也越問越勇敢。藉由他們的提問，我擁有更多的機會，對他們的問題進行更深入的闡發和釋疑。說真的，回答學生問題，實在是一件很過癮的事情。

學生陸陸續續地問：

「典故的應用，在文章裡產生什麼作用？就是看起來比較有感覺？還有什麼其他的作用嗎？」

「我們寫東西，是不是一定要知道那些文學的作品，一定要知道歷史的典故啊？」

「柳宗元被貶到永州，和他被貶到柳州，這兩段到底有什麼不一樣？」

「余秋雨的文章，和其他旅行文學的作品，差別究竟在哪些地方？」

有些疑惑，學生問起來，老師還可以趁機做很大的展開。

「老師，為什麼要有文學批評？每個人的想法都不一樣，作者有他自己的觀點跟感覺，說不定也都是真的，為什麼別人要去批評他啊？」

在回答這樣的問題時，可以趁這個機會，去談一談創作和批評的不同，談一談文學批評的意義和價值，也可以談一談文學批評的方法和規則。這些東西，我們在課堂上講解課文時，其實不太容易講到，也不容易講清楚。就算講到了，在回答問題時和一般講述時，氣氛和效果也完全不同。

有些疑惑，學生問著問著，卻益發覺得不確定起來：

「旅遊文學裡面，那些典故、歷史和人文的東西，他們那些作家寫起來，好像很有深度。那像我們，不知道哪些典故，可是到了那個地方，可能我們也有一些感覺……然後，……然後老師，我不太知道我要問的是什麼耶？」

這種時候，學生的樣子，實在可愛極了。教書的幸福感，就在此時瀰漫。

當老師的，可以在這樣的時刻，窮其所能，試著去理解他們的問題：

「你是不是要問：像他們那樣具有文學、史學和哲學知識的作家，他們寫的東西真的才算是比較深刻、比較好嗎？還是要說，其實我們也有自己的感覺，就是我們不用那種方式，也可以寫出我們自己的東西，有自己的價值？或者……」

看到他們的提問，這樣天馬行空，真實而自由。我很幸運地，因此可以得到更多的機會，帶他們一起追問一些更內在的東西，比如說：

「那麼，文學的本質是什麼？」「旅遊的意義何在？」

或者「我們可以從哪些角度去看待旅遊文學？」「這些作品和我們的生命究竟有什麼關係？」「知識在文學裡的作用和意味是什麼？我們可以怎麼看待它？」……

這樣子談下去，這門課於是真的變成「對話」，思辨的對話，坦誠的對話，生命的對話了。

我特別感動的是，有幾組同學來提問的時候，勇敢地說：「老師……我想問問題，可是不知道我的問題點在哪裡？」或者「我知道我有疑問，可是不知道我要怎麼問？」他們對問題的所在曚曚矓矓，隱隱約約，可是又知道它真實存在，然後他們居然勇敢地把這個曚矓拋出來了。

事情的發展時常是：我很幸運地幫他們把問題還原出來，順手把問題回答了，或者讓他們自己在對話之間無意間回答了。

這種感覺，實在是太開心了，尤其是看到他們快意的樣子。

當然，語文的訓練，照理說應該讓他們把自己要問的問題想清楚，等他想清楚再提。但事實上，有很多時候，他們不一定能夠那麼清楚知道問題何在，或者如何提問。有時他們為了能夠在語文的表面層次上把工作完成，只好製作了表面的問題，回答一番，交差了事，而迴避了那些我們弄不清的曚矓，以免自找麻煩，跟自己過不去。

可是，在那麼不清楚的時候，他們還是能夠勇敢的來找老師商量，真難得。

那裡面似乎有一種信賴，有一種溫暖的信任。好像是在說，「老師，這裡線頭紛亂，裡面有一個混沌的世界，你幫我看一下，我實在找不到。」找著找著，線球裡的脈絡就一一拉出，關於「我們在學什麼？」「為什麼要學這個？」「究竟應該怎麼學？」的這些重要思路，才會真的出現，真的清晰。

對我來說，那真是教學現場最珍貴的片段，特別溫暖。

現在很流行的線上課程，通過螢幕上的影片進行教學，我想，那一定有它的功能跟作用，可以進行某些方面的補充。但是，像這些教學現場的層層問答，線上教學的影片，無論如何無法是取代的。

教學大環境的惡劣，是擺在眼前的事實，這不用講。但有了這樣幸福的時刻，我就忍不住會奢侈地想望，怎麼樣讓學生敢問、會問，能夠問，甚至慢慢越問越深，這多好。

在這樣的問答裡，師生之間，於是能夠展開沒有邊際、卻更有效率的思辨對話。

教學現場裡，若有這樣的一刻，總讓人覺得，教書真的非常快樂。

在我學習的路上，我一直覺得自己真的是非常幸運的。這麼多年來，不管我想學的是什麼，似乎總能遇到非常厲害的老師。這種運氣和福份，不知如何解釋，我只能衷心感恩。

有些厲害的老師，他們在課堂上的表現平平，未必特別出色，但是在答問時，驚人的力量就展開了：凌厲精準，透闢深入，有時讓人豁然開朗，有如醍醐灌頂；有時循序提點，帶著帶著就展開新的思路和視野。

有一次看牟宗三的文章，他提到近代儒學的大師熊十力先生，說：「在課堂上講書，熊先生並不是很好的，因老先生和我們這一代是不相同的，老先生並不宜於公開講演或課堂上的講演，他的好處是在家裡談。」

其實，不論是哪一代的人，課堂講演本來就有它的限制。那似乎不是哪一代的問題，而是教學本來就有不同的方法。學習時，對生命產生巨大力量作用的剎那，未必是課堂上的講演，而時常出現在晤面對談的時候。在問與答之間，生命力量的沉澱、交融和開展，總是學習時最精采的時刻。

我學習時，在那些時刻裡，受益良多。而如今又很幸運地，享受學生提問的勇敢，重溫那樣美好的時刻。

所以，無論如何，教書，實在是很美好的事情。孩子們，謝謝你們。

〈典論論文〉答問

教師甄試複試，有幾位年輕的老師來提問，我把回答的內容做了一點整理，這一篇是回答〈典論論文〉的部分。

【問題】

試教這一課的時候，有老師講「氣有清濁」，就提出「李白清、杜甫濁」，還提了「歸有光」是「清」。「歸有光」算「清」是不是很奇怪？是不是不能這樣歸類？然後老師有問三曹各如何歸類，那個老師沒答出來，若要說的話，曹操是清，曹丕是濁，曹植是濁嗎？

【試答】

〈典論論文〉裡的清濁，一般理解為「輕快俊爽」（或俊爽超邁）和「凝重沉鬱」，也有人把它對應到「陽剛」、「陰柔」，都是一個粗略的分類而已。

就這個理解來說，李白清、杜甫濁，還算可以接受。李白的文字多用來表達個體自我的生命感受，自然地展現著一種超邁清拔之氣，連酒都是清酒，那是生命力量的張揚，也是豪放飄逸的象徵：「且須飲美酒，乘月醉高台」，「蘭陵美酒鬱金香，玉碗盛來琥珀光」，「金樽清酒斗十千，玉盤珍羞直萬錢」，「琴奏龍門之綠桐，玉壺美酒清若空」。杜甫就不一樣了，他的文字時常表現深沉含蓄的心緒，由身世感傷到百姓疾苦，憂國憂民。連酒都是濁酒，「艱難苦恨繁霜鬢，潦倒新停濁酒杯」。獨處閒適時喝濁酒，「蒼苔濁酒林中靜，碧水春風野外昏」。尋訪仙人隱士也喝濁，「濁酒尋陶令，丹砂訪葛洪」。

但應該注意的是，這樣說清濁，並不帶著褒貶意味，就只是生命情調的不同。

至於「歸有光算清」，我也覺得有點奇怪。歸有光一般被歸在「唐宋派」，主要是他反對擬古復古派說的「文必秦漢」，把文章學習的對象從秦漢轉到了唐宋，從亦步亦趨變成了提取義理，鮮活得多，但他那些篇幅短小、細膩生動的文章，儘管情真意切、清新細膩，要對應到「輕快俊爽」或「俊爽超邁」，還是頗有距離。

我的看法是，所謂清濁，就是相對性的概念，不是生搬硬套，強為對應。真要這樣對應的話，曹丕的文章格局就被局限了、文章的氣韻也被壓扁了。我不贊成。

曹丕說的「清」、「濁」，本就是一個相對性的概念。若要粗略的對應，說是「輕快俊爽」和「凝重沉鬱」還算可以，但也就只是做一個整體風格的大致區別而已，不應該用它當作一個標準範限，把所有的作品都硬套上去，說誰是清，誰是濁。

若非要當成標準，好像有了這兩個字，所有的作家都要排好隊，準備讓人家塞進裝潢隔間好的小房間裡去，你是清、我是濁，他是清、她是濁，這樣好像強迫症，好笨。

難道我不能三分清、七分濁，或者五分清、五分濁嗎？或者難道我就不能在詩裡清，詞裡濁、文章裡半清半濁嗎？

這種非要一一對應的讀法，會把腦子讀呆掉的，我想也不會是曹丕的原意。曹丕可能會想：「什麼歸有光啊？那是什麼？可以吃嗎？我又不認識，這個在我死了一千多年才出生的傢伙，我幹嘛幫你歸類、塞進小房間啊？我寫文章就是說個相對性的大概，為什麼一定要和每個作家都做一對一的對應咧？」

但如果要問「三曹各如何歸類」，倒有一點意思。

因為曹操是「沉雄俊爽，慷慨激越」，曹丕是「和柔巽順，油然相感」，曹植是「骨氣奇高，詞采華茂」，這是很有趣的例子，一家人寫出三種味道來了，它首先就證明了「雖在父兄，不能以移子弟」，而且作者自己就是箇中的顯例。

但它同樣的，只是一個相對性的概念，曹操是陽剛（屬於酷酷的悲壯的陽剛），曹丕是陰柔，這就是相對。曹丕是陰柔，曹植是陽剛（屬於帥帥的漂亮的陽剛），這也是相對。就看我們是把誰擺在一起做比較。

如果只能一對一死摳摳的對應，曹操和曹植變成同一體，那我猜，曹操肯定不會答應。

〈鴻門宴〉答問

現在的心態好像是這樣：有人問，就回答。如果問的東西比較深，回答完以後，就會想做個筆記，給需要的人用。今天就再記一條。

【問題】

鴻門宴裡面，看到《史記》寫劉邦「仁而愛人」，覺得不太明白。總覺得此仁與孔子之仁應當有所不同，但是找到的資料都沒有針對這句做比較清楚的討論？

【試答】

其實，這些歷史人物的評價都不能截斷其中一個詞彙來看，都要回到它的脈絡裡面去看。比如說劉邦，說他「**仁而愛人，喜施，意豁如也。常有大度。**」這是在講他的基本性格，說他對別人好，並不是一個粗暴小氣的人，人家有需要他就肯給，所以是器量大、願意施捨的一個人，是就這個意義上來說他「仁而愛人」。

可是，如果要用《論語》上對仁的理解，那就嚴格得多了，孔子對於自己那麼多優秀的學生都不允稱其仁，可見在《論語》裡面，「仁」是個很高的境界。要用《論語》的標準來看，劉邦當然沒有到達「仁」的境界。

即使用一般人的角度來看，劉邦這個人在對付人的時候心狠手辣，從來不手軟。他是一個能把利益極大化的政治好手，在「極大化的利益」面前，就算殺掉他的親人，他也不會皺眉頭的。在這種時候，其實很難說他是「仁而愛人」。

所以不要說用《論語》了，就算只用我們一般人的角度來看，看過他對付敵人，可能就不會用「仁而愛人」去理解這樣的人。「仁而愛人」只是他的基本性格，特別是在談他平常跟人相處，心胸寬大，出手大方，能照顧別人，如此而已。一旦他掌握了權勢，遇到了利害衝突，不是這樣了。《史記》之所以會那樣說，是從他平常和人相處的性格表現寫起，所以那樣下筆。

很有趣的是另一個例子：《史記》也說項王「**見人恭敬慈愛，言語嘔嘔，人有疾病，涕泣分食飲。**」你看，是不是又是一個超級大好人？可就是這個大好人，殺人不眨眼，把咸陽殺得血流成河、屍積如山，沒有比他再殘暴的了。

你有沒有看出來，這個「大好人」是在什麼時候會好？平常跟人相處的時候，在一個很安全的社交圈裏面，他對人很好，恭敬慈愛，心腸很軟，看到人家生病了，流著眼淚，把吃的喝的都分給人家，簡直好到不行。

可是，等到你威脅到他的生存了，或者影響到他的機會了，或者他把你當對手或假想敵了，他就變成大魔王了，殺你沒商量——那個「恭敬慈愛」徹底消失了。

那你說他的「恭敬慈愛」是假的嗎？不是。平常沒事的時候，你是他底下的人，不威脅他，又是弱者，他很樂意當一個強者，像超級無敵大好人一樣地待你好，還真是「恭敬慈愛」。人家鴻門宴裡面叫他下手殺劉邦，他怎麼樣也下不了手，那范增說「**項王為人不忍**」，「不忍」是什麼？不忍就是仁啊！

你看，又來一個仁人！可是他這個「不忍」，說穿了，是顏面掛不住、臉上下不來，人家卑躬屈膝來求和，把姿態放到最低點，這一殺，很丟人啊，好像我很小氣啊！人家都趴著了我還砍，不能啊。（不相信的話，劉邦稍微傲慢一點，在項羽面前隨便放兩句狠話，保證死得比誰都慘，連皮都不剩）

所以他這個「不忍」，跟他的「恭敬慈愛」有關，他想做個好人，讓人家稱讚的人，面對弱小的對手要撕破臉變成大魔王，他變不過來，這就是他的「不忍」，其實，骨子裡是遇到大事的時候無法決斷。

這個心態行為若說是「仁」，那也是，不過是「婦人之仁」，光有情感、沒有理智，光憑直覺、沒有思維，光看面子、沒有利害。他這個「婦人之仁」，就是沒有決斷。說他「恭敬慈愛」，不是假的，但就是一個表淺的性格反應，拿來敘述他平日的表現而已。

〈赤壁賦〉答問

【問題】

上這一課時，試教老師說：「苟非吾之所有，雖一毫而莫取」，是在說不要當大官。我聽的時候，覺得很怪，她說是不要追求榮華富貴的。我個人認為，比較偏向生命所擁有的功名利祿，是帶不走的，也不見得是不要追求，而是說不要太執著於追求（？）還是其實是一樣的意思呀？

【試答】

試教老師說「苟非吾之所有，雖一毫而莫取，是在說不要當大官」。我跟你一樣，覺得很怪。什麼不要當大官？什麼不要追求榮華富貴？這腦子都怎麼了？前面不是有個「苟非吾之所有」嗎？意思是「不該是你的，就別強求」。這「不該是你的」不分大小，所以說「一毫而莫取」，就算是一毫也不要去亂想。這跟官的大小有什麼關係？還「不要追求榮華富貴」咧！

不該拿的不要拿，那是不分領域的，當然不是大官不該拿，也不是榮華富貴不該拿，任何領域都有該拿不該拿，幹嘛特別排斥榮華富貴？反過來講，你若要做大事，就要有那個時、那個勢，幹嘛不做大官？不但要做，而且還要做得大大的，超級大，大到爆炸才好，那才能救世濟民，誰說不該拿？那孔子當大司寇是怎樣？還幹了三個月？那他要不要向上帝懺悔：「天父啊！我不該做大司寇，我錯了！阿們！」

這種把做官、榮華富貴都看成負面的反應，表示書完全讀錯了，這樣子教書，是很要命的，會把自己和學生都一起教糊塗了。

至於你說的「生命所擁有的功名利祿，是帶不走的，也不見得是不要追求，而是說不要太執著於追求」，當然比她說的好多了。光是「不是不要追，而是不要太執著」這一點，就好得多。

但這跟「功名利祿帶不走」沒有關係，不是它能不能帶走，而是它能不能一直屬於你，還沒等你走，它就可能先走了，所以沒有「帶走」的問題。

其實，我覺得不用把焦點只放在「功名利祿」，也不用非把它說成如何不好，這些都不是壞東西。我們考教師甄試，考上就是功名，上班以後就有利祿，幹嘛一直罵它？我們每天呼吸著吃著喝著，都跟它息息相關，不要再一直假裝討厭它了，真的。

問題是，它不能保證永遠屬於我。重點在這裡：世界上的每一樣東西，都不能保證永遠屬於我，所有現在我抓得牢牢的東西，明天都可能偷偷逃走說掰掰，而且永遠不回來，譬如青春啊，美貌啊，魅力啊什麼的。這就是蘇軾在〈寒食〉詩裡說的「**暗中偷負去，夜半真有力**」。

我們再看一個例子。

《紅樓夢》裡面賈寶玉在美人堆裡如魚得水，然後人家齡官蹲在那兒，一個勁兒的只畫賈薔的名字，對寶玉半點興趣沒有，賈寶玉突然就明白了：「人生情緣，各有分定。」

你看，就是「分定」這兩個字。蘇軾說：「天地之間，物各有主」，那什麼意思？也就是這兩個字：「分定」。翻成白話，就是：「不該是你的，就不要再亂想了。」

這哪有限定在什麼大官、榮華富貴、功名利祿？連情緣都是分定的，它說沒就沒了，非要一個勁兒的傻想，弄到呼天搶地，也只能得憂鬱症，然後吃藥，然後可能還是憂鬱而死。因為心裡想著：「那明明是我的呀？怎麼說不是就不是了呢？」

這就是文章的關鍵了。蘇軾失去的是什麼？哪裡只是一個官職？他的尊嚴、榮譽、前程、希望、形象、幸福……什麼一籮筐的東西都被拿走了，他面對這種失去，他要給自己一個回答，這就是〈赤壁賦〉。

你看我們替他回答時，跟他說：「那你不要功名利祿好了，這樣就沒事了。」你覺得蘇軾會跟我們說什麼？

我覺得他會罵髒話，然後說：「求求你們，不要再把〈赤壁賦〉放課本啊，饒了我，不要再一直講我了。還叫我要放棄榮華富貴，你們講的到底是誰，根本就跟我沒關係啊。」

〈勞山道士〉答問

這一課提問的內容比較多，所以我分成四點來做記錄。

(1)

問：〈勞山道士〉這篇道士所說的「道」究竟是什麼？

答：沒有說。故事裡並沒有打算說明或暗示「道是什麼」。因為它只是道具，不是主題。

〈勞山道士〉有點像寓言，講完故事要對應現實，但它的對應並不精準。它的作用只是借此喻比，點出要講的意思而已。內容若要逐一對應，就不免有些扞格。

主要的問題，出在最後一段：

今有傖父，喜疢毒而畏藥石，遂有舐癰吮痔者，進宣威逞暴之術，以迎其旨，紿之曰：『執此術也以往，可以橫行而無礙。』初試未嘗不少效，遂謂天下之大，舉可以如是行矣，勢不至觸硬壁而顛蹶不止也。

「喜疢毒而畏藥石」的「傖父」，是指王生，這沒問題。但是「進宣威逞暴之術」的「舐癰吮痔者」，能說是這個道士嗎？

首先，這個道士「神觀爽邁」，又是「叩而與語，理甚玄妙。」都是正面描述，看不出和「吮癰舐痔」、「宣威逞暴」有什麼關聯。

接下來，他一眼看穿王生「嬌惰不能作苦」，知道這個賊小孩不是好東西，所以「並不傳教一術」，最後王生受不了，非要學心懷鬼胎的穿牆術，就戲弄了他一下。

他詐騙了他什麼嗎？沒有，最後還給他錢，「資斧遣之」。

所以，這個道士除了玩一下幻術，從頭到尾沒幹什麼壞事。何況，玩幻術也不能算壞事。

對啦，他最後讓王生「觸硬壁而顛蹶」，教訓了一下。可是，這也是王生不能「潔持」，自食其果而已，和「舐癰吮痔」或「宣威逞暴」有關嗎？

先不說這道士「神觀爽邁」、「理甚玄妙」到底是不是真的，整篇反覆看一百次，也看不出這道士有「舐癰吮痔」、「宣威逞暴」的行為和企圖。

我猜，這也是你問「這篇道士所說的道究竟是什麼？」的原因，你一定覺得奇怪，道士不是很有道嗎？怎麼又跑去「舐癰吮痔」「宣威逞暴」了，那他是什麼道，對吧？

這個問題，其實出在作者，或者說作者創作的型態。

《聊齋》並不都是純粹原創，他是把收集來的故事放在一起，然後用他的意思修改，碰上心事，就在裡面寄託他的憤懣，澆澆塊壘。換句話說，這故事不是為了那個結論而設計的，雖然有點像寓言，但和柳宗元那種精心設計的寓言完全不同。

柳宗元是專業的寓言設計師，整個故事和他要說的主旨是對好的，本來就是為了「寓」（寄託）才「言」（講故事）的。

可是《聊齋》不是，它反過來，是有了故事以後，被拿來接在他想說的結論裡，發一發牢騷，抒一抒悶氣而已，故事和寓意，有時無法全部逐一對應。

所以，關於「道士的道是什麼」，在故事中其實沒有給出任何的線索。原因是，原文根本意不在此。

作者把「術」拉扯到「舐癰吮痔」「宣威逞暴」，可見他根本不在意道士「有沒有道」或「有什麼道」，因為不管什麼道，都不會是「舐癰吮痔」、「宣威逞暴」。

在這個地方問他是什麼「道」，就有點像問「超人是穿什麼牌子的內褲，為什麼彈性這麼好，能夠內褲外穿」一樣，創作者很難回答。

因為，它沒有牌子，它就是個道具、佈景、點綴，意思意思畫給我們看而已，不是主題。

(2)

問：道士展現法術那段，將法術用來享受歌舞聲樂，好像也非正道，難道這一段只是要眩惑王生？

答：這其實不是什麼左道，就是一個遊戲，不用太嚴肅看待。道教的世界裡，從莊子的「物化」說往前無限發展，萬物都可以化來化去，沒有一個東西是真久不變的，正因為每個東西都是暫時的，所以倒過來看，也沒有什麼東西是假的。因為每個「假」的東西，只要一個念頭進去，都可以讓它起作用、生變化，「宇宙在乎手，萬化生乎身」，所以每個「假」的東西都可以拿來玩，就它起的作用來說，都是真的，所以可以「借假修真」。

你看書上說的那些移山倒海、灑豆成兵，當然都是幻術，可你要著了它的道兒，那就是真的。所以道士展現法術那段，不是「將法術用來享受歌舞聲樂」，如果是「將法術用來享受歌舞聲樂」，應該沒事就來一下，天天爽，不會只有這麼一下。他這麼玩一下，只是遊戲人間。意思是「看你們這些傻鱉一天到晚想學道術，淨想些歪主意，你們想啥我還不知道？弄個女人出來，就讓你們被自己流出來的口水淹死，還說學道，想哄我。」

這類事情在道教故事裡太多了，它就是一個遊戲，可以遣永日，可以測試心術，也可以點醒愚夫。一場遊戲完成，能不能受啟發，就看遇到什麼樣的人。

你看〈南柯太守〉啊，〈黃粱一夢〉啊，都差不多，就是弄個假的給你看看，你認真了吧？好，把它弄破，沒了，那你還認真嗎？這幻術要怎麼用都行，全看觀者的心術到哪裡，就發揮什麼作用。

至於說「眩惑王生」，那絕不至於，頂多就是戲耍，果然「歸念遂息」，證明他果然是酒色之徒：沒有酒色就要回家，有酒色就「歸念遂息」，可見王生所謂「慕道」，不過如此。

這其實只是故事的連接點，讓故事既銜接順暢，又起伏變化，也可以使主角性格前後一貫，充分見出王生的心術品行。

道士眩惑他要幹嘛？王生身上又沒有什麼「好康的」可圖，不眩惑也罷。

(3)

問：最後一段是否有暗示政治黑暗的意味？感覺跟前面講的不太合？

答：有啊，就是我說的借他人酒杯，澆他自己的塊壘，「感覺跟前面講的不太合」，沒錯，原因已如上述。

他把一個好玩的故事，搭湊到他不滿意的現實裡去，但沒辦法做到逐一對應，只能在「異史氏曰」的地方發發牢騷，所以「不太合」。

(4)

問：這樣的話，道士是否有意識的在教王生？

答：沒有。應該說，他其實一直在觀察王生，看看到底能不能教、能教多少。最後證明了，王生果然是不可教的。

王生是一個很平庸的小廢渣，名為慕道，其實沒有資格學道。你看他學東西，師父問他要學啥，那麼多本事可以學，他就只想學「穿牆」——這個人腦子在想什麼？

以前《論語》上說「行不由徑」，連小徑都不走，好像也太「聖人」了，可是有門你不走門，想幹嘛？《禮記》、《論語》上都說「穿窬之盜」，那是一個典型的意象，不能面對自己真實的念頭，老想撈點兒便宜，就像個小偷。

真偷錢物是偷，色厲內荏、裝模作樣，也都是偷。

王生想「穿牆」，就是偷偷摸摸的念頭，雖未明說，但腦子裏想的是不走正路，本質上就是「穿窬之盜」，這種人還教他道術？當然不行。

用《一代宗師》一線天的話來說，「教你，是糟蹋祖宗的東西。」不但糟蹋，而且還要助惡，所以任何的好東西，都是不會教他的。

我們要很小心一件事情，就是解讀古典，不能以今臆古，只用現代的觀念來套用。現在我們談到教學，一定要來個教育愛，一個都不能少，不放棄任何一個孩子，不這樣講或這樣想，就不是一個優良教師，甚至不是一個適任教師，人家會覺得你怪怪的，不讓你考上教甄，讓你回家吃自己。

以前可不是這樣，在客觀條件上，教育本來就是稀缺資源，不是每個人都可以擁有的。就教學者的觀念也是，除非你具備一定的主觀條件，《易經》上叫做「志應」，不但志應，而且要「來求」

，求得不夠誠心，也不教。所以說「匪我求童蒙，童蒙求我。」在蒙卦裡的六三，條件不具足時，甚至「棄而不教可也」。

一般的教育尚且如此，至於道術，那更是稀缺資源中的極品，絕不能輕易教。不但不教，還要每天磨練測試，測到學生都跑光光，只剩下一兩個真徒弟為止。

為什麼？道術不但是「宇宙在乎手，萬化生乎身」，而且是「我命由我不由天」，逆轉乾坤奪造化，先甭管它是不是真的完全做到，但這樣的東西在概念上當然比一般知識更珍貴，無論如何不能輕教，尤其是面對廢渣。

不能教真貨，但有必要的話，可以「搞」他，把他頭上「搞」一個大包，這也算教，不過就是教一個基本的做人的道理，那比較像是「教訓」，不算真的教。

「異史氏的部分到底真正想諷刺的是什麼」，這值得一談。

道士會的術上天下地，無所不能，本來好像是正面的，但到了異史氏的評論裡，就變成了「宣威逞暴」的東西，兩個性質差這麼多的東西，共通點在哪？作者想要講的可能是什麼？

術。對，就是術。

我們身在教育界，不是沒事就被叫去研習嗎？研習什麼？術。我們不是每天都被洗腦催眠要使用各種教學法嗎？不是桌遊、海狸，就是學思達，不是翻滾就是翻轉，不這樣我們就不是好老師，就是「填鴨教育」了。他們在講什麼？術。

「術」沒有什麼好不好，見到什麼情境，就用什麼術，每天每月每年的教學情境都可能不同，都可以用各種不同的術去變化對應，本沒有什麼值得膜拜的。「術」的上面是「道」，形而下的「術」沒什麼了不起，形而上的「道」才是真傢伙。有了「道」以後，「術」可以隨便玩，就像道士玩的那些幻術一樣。

但從無知的信徒粉絲眼中看來，這術太神了，一定要每天追蹤、點讚、買書、磕頭、求法。

他們不知道，最要緊的是求「道」，不是求「術」。體「道」的法門千千萬萬，不拘一「術」，若光是想要求術，儘管你想的是「執此術也以往，可以橫行而無礙」，儘管「初試未嘗不少效」，於是「謂天下之大，舉可以如是行矣」，趕緊設一個學思達專班、專校，叫全部的人都要拿香跟拜，但結果未必如願，很可能是「勢不至觸硬壁而顛蹶不止也」。

這樣講，是不是就很容易懂了？

其實這些「術」沒啥好不好，真正不好的是對術的執迷。對蒲松齡來說，他真正要諷刺的，可能是那些精通權謀政術的人物和行為，特別是對「術」的迷信。

傳說中的道術，我們不會（好啦我曾祖父會啦），也看不到，但就取他一個精神：「有了術，要啥有啥。」這就是一般人對「術」的基本認知。

在政治上社會上都是如此，大家都很迷信「術」，覺得我只要學了一個什麼「術」，就要啥有啥了。你看保險界的業務、搞推銷的業務，沒事就要來個「話術」，以為只要用上了術，沒有不乖乖到手的。

我一接到這種電話、看到這種人，立刻就能聽見他們的話術，他們臉上、聲音裡的微笑，充分說明他們有十足的把握，但他們沒有想到，我總是掛斷電話、封鎖號碼、拒絕來往。這就是「觸硬壁而顛蹶」了。

被「術」迷倒的人很多，但能看清「術」的本質，歸返到生命自處之「道」的不多，蒲松齡的慨嘆，大約由此而起。

第九味

這是今年教到的一篇課文。

所謂「第九味」，代表前面有八味。按文中的說法，有辣甜鹹苦四主味、酸澀腥沖四賓味，正味有四，偏味有四，加起來八種味道，然後自出機杼，奇正相生云云。

這其實是中國文化的基本套路，知常察變，有正有奇，就像太極拳有四正四隅一樣，掤捋擠按、採挒肘靠，各種角度的手法都明白了，運用之妙，存乎一心。

所謂第九，照理說當然要跟前面八個並列，也就是說，同樣性質或位階的東西放在一起，這排序才有意義。

但是照作者自己的說法，第九味「應該是每個人活在自己的生命中，應該都會覺得自己的人生有一些特別的滋味吧，有的人是酸中帶甜，有的是又辣又沖，因此說是無味也是對的，說是苦或鹹也沒有什麼不可以，自己的人生，唯有自己才能明白那滋味是什麼。」

這就有點滑頭了。

按作者這種說法，什麼味都行，只要自己覺得那是一種人生的特別滋味就行，連「說不出的況味」都行，那麼，這種個人體悟的滋味，憑什麼跟四主味、四賓味並列？

如果個人感受也可以算是一種和四正四偏並列的滋味，那是不是也可以有第十、第十一、第十二……乃至無窮無盡的千百味？既然可以千百種滋味，如人飲食，滋味自知，那麼，它根本不是和「辣甜鹹苦酸澀腥沖」八個味道並列的東西，完全是另外一回事。把完全不相干的東西排在一起，讓它位列第九，有何意義？

這就好像把女人規定出「胖瘦高矮黑白美醜」八味，然後定出「第九味」，叫作「老子喜歡」。請問，這「老子喜歡」的「第九味」可以跟前面八味並列嗎？這種並列有何意義？

前面作者早已說了，這四正四偏，用起來要奇正相生，表示本來在飲食中就是互相搭配。這就像中醫用藥，本來就有「君臣佐使」之道，善用搭配之術，那是基本觀念。廚師如何搭配，在於他的巧手慧心，因時因地因材因人而發，這是烹調之常道。既然是飲食，當然可能是「酸中帶甜」，也可能是「又辣又沖」，這「奇正相生」之道、「自出機杼」之理，再基本不過了，居然這也能另外列成一味，而故作神秘，稱之為「第九味」，這不是滑頭嗎？

為什麼說是滑頭？因為他知道怎麼樣讓讀者想看。這其實是寫文章的一種套路：留一點未知又開放的空間，讓讀者想像，顯得好像意味深藏，品之無盡。這是寫文章的技巧，用之本來無妨，但是裡面違背了事情的基本道理，為了達到效果，而故作神秘，另外編派出一道空間，只為了讓讀者憧憬嚮往。

這是拿文字哄人的伎倆，只能說技巧高明，但是，真不是理想的示範。

作者的文筆非常好，文章裡敘事、抒情、刻畫人物，而又在裡面藏著一點生命的感悟，就文章作法來說，當然是好作法。

文章裡留下了一個暗門，當作伏筆：「吃盡了天地精華，往往沒有好下場，不是帶著病根，就是有一門惡習。」這也是中國哲學的套路，真要講起來，確乎有模有樣，反者道之動，不能說沒有道理，非常聰明的寫法。

但一個連基本的為人之道：「守信」都做不到的人，在那麼重要的場合都能因賭耽誤，毀掉自己的信譽，也糟蹋了別人的信賴，連這樣的基本底線都踩不住的人，還夸夸其談什麼人生之道？回想他前頭描寫的威望和信譽，再看他後面那連最基本的信用都守不住的表現，這真讓人啞然失笑，讓人覺得：整篇文章背後的人生哲學，其實都是架空的，全是漂亮話。

最後，文中的父親說，「平凡人自有甘醇的真味。」這，也是中國文化的套路。

這文章讓人彆扭就在這兒：把曾先生寫成了神一樣的人物，和平凡人對比，而平凡卻有「真味」。那麼請問，曾先生這一代大師，他這麼不平凡，他品的是「假味」嗎？

《菜根譚》說：「醲肥辛甘非真味，真味只是淡；神奇卓異非至人，至人只是常。」這對懂點中國東西的人來講，已是基本常識。真要講平凡的真味，這不能平凡的曾先生，自己就不懂真味了，還講什麼第八第九？這不是故布疑陣，耍弄滑頭嗎？

有一種解套的辦法，是把曾先生寫成懂真味的人，而他懂的就是淡。就像楊過的玄鐵重劍，「重劍無鋒，大巧不工」，逆反出奇，更顯高明。就像黃蓉的烹調，最拿手的菜竟然是「炒白菜」、「

蒸豆腐」、「燉雞蛋」、「白切肉」，並說：「洪七公品味之精，世間稀有，深知真正的烹調高手，愈是在最平常的菜肴之中，愈能顯出奇妙功夫，這道理與武學一般，能在平淡之中現神奇，才說得上是大宗匠的手段。」不講究雕蟲之技，而崇尚自然日用。不以雕琢奇麗為能，而以平常素淡為高，乃是反璞歸真之道。

這個法子雖然可行，但這人物的戲劇張力就不夠強了，就是要讓人物又高明又沒有好下場，這故事才引人入勝。

作者是個會說故事的高手，他知道怎樣讓讀者愛看，而且很成功。只是，所有中國文化的元素，在文章裡用起來都成了套路：只要套上去能產生效果就行了，至於裡面有沒有滑頭錯脫、自相矛盾之處，反正誰也不會發現——也許包括作者自己。

這真讓人感嘆。

格物——為什麼要談「吃」

今天的武俠課，談到了吃。

金庸小說裡有好幾段談到了美食，其中「叫化雞」的作法源自平江不肖生的《江湖奇俠傳》，頗有所本。「二十四橋明月夜」，則與《紅樓夢》燒茄子的作法有異曲同工之妙。「好逑湯」引自《詩經》，雖也文氣藹藹，但就淺得多了。

學生的報告很認真，對這些敘述的出處一一查考，連《鹿鼎記》的「汽鍋雞」都細查了，最後甚至介紹了中國八大菜系。除了一些小地方有疏漏以外。基本上把功課都做足了。

這樣的報告要怎麼回應呢？這已經是一份完整的報告，沒有什麼太大的缺點，該查該補充的都做了，那麼，這個時候老師該做什麼？可以做什麼？

這其實是我覺得當老師最有意思的挑戰，也就是——在這個資訊爆炸、訊息容易取得的時代，如果學生收集材料的功課都做了，整理能力都有了，而且井井有條，那麼我們還要給學生什麼？或者說，我們到底還能把學生帶到哪裡去？應該引到哪裡去？

我想到的一個重要問題是：這樣的專題有何價值？我們為什麼要研究吃？把吃的東西與傳統文化連結，究竟又有何意義？安上一個典故、連上幾句詩、加上幾個好聽的巧妙的有學問的名稱以後，是要做什麼呢？

像「民以食為天」這種熟套語，根本就解釋不了什麼。如果只是生搬硬套的學問，就算堆砌再多，也是無感的。

所以我想從「格物」開始說。人活在這個世界上，得吃得穿得用，得接觸這個世界的各種東西，那麼，我們跟這個世界的關係，就是從「格物」開始的。

「格物致知」向來有兩種解釋。若依朱熹一路，則是將這個物研究明白，以擴充其認知理解，這是對外的知。若依陽明一路，則是正其物性，致其良知，這是對內的知。但不管是哪一種解釋，總之是在接觸這個世界的時候，把這個物弄清楚，並且學會怎麼面對、看待、使用和回應。

「物」當然不會專指具體的個別物質，古書裡的「物」時常都是廣義的，包括人、事、物在內。我們天天都碰到「物」，也就時時刻刻都要學習怎麼看待、接觸、應對。

比如說一根蘿蔔，到了人家手裡，就能做出那麼香的滋味，怎麼在我們手裡，就只剩下臭臭的草食味兒？同樣一顆蛋，人家手裡做出來的香氣四溢、金黃明亮，在咱們手裡怎麼就糊成一團，像焦炭一樣？

這就關乎「格物」了。厲害的人，讓我們接觸到的物，能夠發揮它的價值、使它本來的內在性質得到極大化的效果。推而廣之，不是只有物質，我們接觸的人事物，都讓它發揮最好的作用，這就叫「天地位焉，萬物育焉」，就是參贊了天地的化育。

但回到起點來說，也就是「格物」而已。

「格物」最難的是「盡物之性」。以前的人說先要懂得盡己之性，然後能盡人之性，盡物之性。那麼，怎麼樣才能盡物之性？只有以己推物，回到生命的本質上來看，想想我們需要什麼。

在我看來，我們真正需要的，就是一場「真正的善待」。

老子有一句話特別好，「治大國若烹小鮮」，這就說到了吃。治大國為什麼要「若烹小鮮」？因為古人處理食物，最高的境界是「烹」。「烹」的境界是把東西都弄熟了，可是表皮完全不受損傷。

古人有句話：「千滾豆腐，萬滾魚。」「千」與「萬」當然是誇飾，總之是多次，必須多次滾沸，才能讓火的力量透到裡面去。但水要滾沸無數次，這豆腐、這魚怎麼受得了？會不會皮開肉綻、糊成一團？

這就要靠功夫。能讓它皮不破、肉不糊，就是「烹」的功夫。「烹」的功夫做到了家，能夠讓魚骨頭都酥軟如綿、入口即化，但是表皮照樣完好如初。

「治大國若烹小鮮」，就是像烹魚一樣，把老百姓都給「化」了——呃，不是火化，是感化——但老百姓還糊裡糊塗地，壓根兒沒有感覺到政治的力量作用到身上，照樣熙熙然和樂地活著。

這聽起來好像有點神話了，政治上怎麼操作，這裡暫且不論，我們單看這個「烹」的精神，是不是就來自「火候」的高度掌握？

烹煮東西必要用火，但火的力量大了，就得皮開肉爛；火的力量小了，這東西不鮮不脆，沒有勁兒。這個「火候」，多麼重要。

這跟我們對待萬物是一樣的。我們對待學生，太嚴厲了，學生要受傷，太和緩了，學生難免放縱，要把那股力量施加在學生身上，必須恰到好處，無過不及，這不就是「火候」嗎？「火候」掌握得好，才能把學生都給煮熟——啊不是，才能讓學生更好地成為他自己，讓學生「盡其性」。

這就是真正的善待。

很多人說孩子被寵壞，但我看到那些寵壞的例子，時常都不是真正的寵愛，而只是隨便他、縱容他而已。為什麼我說那不是真正的寵愛？因為他根本沒有把「火」真正放進去，他只是率意任情，放縱情欲，在彼此的對待中滿足自己的私意而已，我們煮東西的時候，只把食物丟盡火裡、水裡，不管不顧，但圖一時之爽快，那哪裡是什麼「烹飪」，只是糟蹋食材而已。

所以，為什麼要研究吃呢？吃，那是我們天天要做的事，不但做，而且每天至少三次。我們天天都要吃，天天都要對待這個進入身體的食物，那麼，這個要進入身體的食物，必得善待，合宜地對待，乃至極大化地對待。

能養活我們的這些食物，都是天恩雨露的結晶，是天地給我們的善待。「人莫不飲食也，鮮能知味也。」我們每天的吃喝攝取，其實都在享受天地萬物的善意，不應視作尋常，也不宜輕易辜負。作為一個人，善待這些養活我們的東西，讓它發揮最好的作用，正是盡物之性、格物之功。

我想，這就是為什麼「吃」這件事值得一談的原因了。

跨領域——從「科普」文談起

我們高一的國文課本，選了孫維新的「從占星術到天文學」，這兩天已經快講完了。但讀著讀著，卻漸漸覺得，這好像不是一篇好課文，也許，它並不適合學生來讀。

現在因為講究素養導向、跨領域，所以那些非文學的文章，特別是「科普」這類東西，好像變得炙手可熱。如果寫作的人是科學家，文筆又不錯，寫起東西來又深入淺出，這種文章似乎就成了上選。

但是，我們選課文不應該是這個標準。

不是什麼跨領域、科普、非文學、深入淺出，就可以當教材。重點是，他會不會寫，他講的東西通不通，他有沒有問題感，有沒有方法意識，他會不會帶學生問問題。

像我們課本選的這篇文章，就是方法意識相對薄弱的文章。我們如果跟著吹捧，就等於是在告訴學生：「只要作者是科學家，他的文字又寫得很生動，就是好文章。」

這太荒謬了。

要一一點出這篇文章的問題，我實在有點不耐煩。但又覺得，好像不能不說說，至少這種對「科學家」盲目崇拜的歪風，應該稍稍遏止一下。

這篇文章的第一個單元，是「從敬天到順天」，一開始先簡單說了一下西洋占星術的起源，其中有一個概念，就是：「人類敬畏天象，乃因天象對人的生活影響很大，所以就想辦法觀察日月星辰運行的法則，因此敬天；而從敬天隨後發展出來的『從天象預測國家興衰和個人命運』，就有點走向偏頗了。」

這篇文章的主旨，是在批評占星術是「偽科學」。所以文章主要的問題意識，就是：「從天象預測國家興衰和個人命運，是否可信」。既然這是全文的主軸，作者應該用最多的力氣去論證、說明或反駁，把這個主要命題說清楚。而不是一開始就說「有點走向偏頗了」。偏頗與否，是結論，要在他完成推論或論證以後，有了根據再提出來，而不是一開始就下結論。這不是科學人的基本素養嗎？

當然了，他也可能是為了寫給普羅大眾看的，不那麼講究程序，所以先講結論，再找證據，或做推演、論證，把科學大眾化嘛，這程序，也是可以放寬的。

很可惜的是，我們往後一路讀下去，始終看不到他有任何嚴密的論證。我們所看到的，是他對占星術提出的各種質疑，這些質疑當然是可以的，但遺憾的是，這些質疑，恐怕根本不需要占星術的專家來回答，連我這種對西洋占星術一竅不通的人，都可以輕易回答。

換句話說，他的質疑，完全問不到重點，撼動不了占星術的可信度。

這才是最大的問題。我們如果要訓練學生跨領域的素養，要有科學的精神，我們就應該訓練學生會問問題，要問到點兒上，問到重心，問到讓人家一槍斃命。但是這篇文章從頭到尾一路問到底，沒有任何一個問題能夠準確命中核心。他的質疑，實在太容易否決了。

比如說，「構成的星座圖案在幾千年內不會有太明顯的變化，但只要將時間拉長到未來幾萬年，這些星座的形狀絕對不會是我們現今看到的模樣。」星座的形狀在幾萬年以後會改變，所以，占星術就不可信了？

正相反。既然星座的形狀幾千年內不會有太明顯的變化，可見占星術的根據在幾千年都還是穩定的，那麼，我們在幾千年內相信占星術的穩定度，還有什麼問題嗎？

洋玩意兒我不懂，舉點中國的例子。中國的堪輿學，最基本的概念就是九宮圖八個方位，但最長最長每二十年也要換一個大運，一棟房子住上六十年，吉的就可能變凶，凶的也可能變吉了。所謂「風水輪流轉」，時間一過去，吉凶當然要變，判斷也會改變。任何一套判斷系統，都有它適應的範圍，過此範圍，不必討論，只要在這個範圍內規則穩定，就不妨礙這套系統的穩定度。這不是很簡單的一件事嗎？

再比如說，「這些恆星彼此間是沒有關聯的，例如北斗七星的每一顆恆星和我們的距離都不一樣；若從宇宙的另一個角度望去，它絕對不是如我們現在所見的樣子。」這些話看起來好像很有道理，但仍然不通。

這些恆星彼此間沒有關聯？何以見得？有沒有關聯，有什麼樣的關聯，我不知道，但如果要推翻占星術，就必須要證明它沒有關聯。這篇文章完全沒做這個證明，只說它沒有關聯，顯然是無效的表達。

決。

至於「若從宇宙的另一個角度望去，它絕對不是如我們現在所見的樣子。」這個質疑更容易否決。

我們的占星術既然是在解釋地球人的命運，那麼，從地球上看出去，它是我們現在所見的樣子，就已經夠了。宇宙的另一個角度望去不一樣？火星嗎？那太簡單了，火星人要預測命運的話，必須要發展他們自己的占星術啊！地球的占星術，是給地球人用的啊！幹嘛吃飽了撐著，要去管別的星球、別的角度星座的樣子呢？

接下來，他要指出占星術的各種「盲點」了，我們也不妨一一來看。

「首先，因為畫分成十二個星座，所以全球人口的十二分之一、約莫五億人左右，應該有著類似的性格，這令人很難信服。」

這個質疑，很容易解決。五億人有著類似的性格，很奇怪嗎？我們不也時常在說，「亞洲人如何如何」、「歐洲人如何如何」嗎？亞洲人都一樣嗎？歐洲人都一樣嗎？那為什麼我們要這樣歸類呢？很簡單，它只要居於多數，便於區別某一個現象就夠了。誰會認定亞洲人都一模一樣？五億人雖有著類似的性格，當然只在某些方面類似，那就夠了。至於其他方面同中有異，或甚至南轅北轍，也都無妨。何況，西洋占星術不是還有什麼上升、下降，各種變化嗎？

第二個質疑，「為何出生的時間做一切預測的根本？尤其在醫學十分發達的今日，出生的時間幾乎可以隨心所欲，從而使得出生時間不再是唯一的標準。」

對，我們可能挑選時間來生，提前或延後。如果以人力改變出生時間，那我們要以他強為的出生時間為準嗎？還是要以原來應該自然生產的時間為準？

這很簡單，它屬於技術性問題，不屬於原則問題。技術性問題，讓占星術專家們自己回答，但無論占星術的專家認為「以自然生產時間為準」或「以事實上生產時間為準」，只要準據一致，預測準確，就不妨礙這套系統的穩定度。

換句話說，我們無法理所當然地因為「出生時間可控制」就推翻它的可信度。人家占星術專家只要回答「以哪個時間為準」就夠了。

第三個質疑，「為何不同流派的占星學家彼此意見常常相左？科學最重要的特質，就是在同樣的條件設定下可以得到同樣的結果，也就是說我們可以預測科學實驗所得出的答案；但不同流派的占星學家對同一個人的預測卻常有天壤之別，我們從每年歲末時節的報紙就可以看出端倪。到了年終歲尾，報上總會刊出所謂世界十大預言家對明年的世界局勢、各國領袖的命運等預測，但有時針對同一個人卻會有截然不同的預測，這就讓人無所適從了。」

這是科學人常見的質疑，聽起來非常熟悉。我有個親戚，是學自然科學的。他聽說我學風水，也說了一模一樣的話：「你們一樣是學風水的，同一個問題，兩派說法還不一樣，哈哈哈！」

這個質疑，其實和「科學人」的傲慢有關。自然科學是顯學，時常對人文社會的領域有種不自覺的輕慢。自然科學可以預測科學實驗所得出的答案，相對比較穩定；人文社會學科判斷的對象是人，相對地比較複雜，也不容易進行百分之百的預測。

這是因為學科性質的不同。不同流派的學者對同一件事情的判斷，如果有「天壤之別」，在人文社會科學裡也是家常便飯。無所適從？那就看你的素養高低！

古文經和今文經，信哪一個？尊德性還是道問學，信哪一個？程朱對還是陸王對？漢學對還是宋學對？你想依賴自然科學那一套得到一個百分之百肯定對的答案？有那麼便宜的事？

「科學人」如果不能釐清這種學科性質的區別，往往無法跨領域進行任何對話。知識就是力量，但很多時候，知識往往成為暴力，而且永遠無法靠近真相。

至於「針對同一個人卻會有截然不同的預測」，這很簡單，一個對，一個錯，如此而已。難不成，如果有人答錯，這個學科就不能成立了嗎？

接下來，作者質疑的是「一個更嚴重的問題」，就是「太陽系中除了地球外另有天王星、海王星、冥王星三個行星。可是我們知道，天王星是在一七八一年由原籍德國的英國天文學家赫歇爾發現的；海王星是在一八四六年由英國人亞當斯及法國人萊威利埃各自發現；而冥王星更要到一九三〇年才由美國天文學家湯博發現。而在這些年代之前，天宮圖上根本就沒有這些行星存在，如此一來，過去的天宮圖到底準不準？」

這個質疑，因為是由「天文學家」問出來的，所以看起來特別有力。我們對於專家，總是忍不住帶著敬畏的。天文學家質疑天宮圖，還能有錯嗎？

這個問題，還是很簡單。天王星、海王星、冥王星後來才發現，過去的天宮圖裡沒有，這就表示占星術不可靠了嗎？

當然不。我不知道西洋占星術可不可靠，但是，發現新的星球又怎樣呢？如果舊的天宮圖就已經可以拿來預測命運，那就表示：預測命運不差這一顆啊！

這一段的最後，作者質疑，「以後很可能會再發現第九個行星，第十、第十一個行星，那天宮圖也需要跟著改嗎？」天宮圖改不改，讓占星術專家自己決定，但是既然預測命運不靠天王星、海王星、冥王星，當然也可以忽略第九、第十、第十一個行星！對占星者來說，天宮圖加不加那幾顆星，有什麼關係？他的工作是預測命運，不是畫出「完整無缺，一顆星也不少」的圖！

占卜，本來就不需要完整無缺的天宮圖，這在中國的紫微斗數裡面，根本就是常識。紫微斗數依作用的大小、重要程度，把星曜分為：甲、乙、丙、丁、戊五個級別。甲級星最重要，論命時主要看甲級星；乙級星其次，起輔助甲級主星的作用；同理，丙、丁、戊的重要性，也跟著遞減。丙級以下統稱雜曜，在命盤中幾乎不起任何作用。

所以，發現第十三、十四個行星又怎樣呢？根本不用理會啊。

以上，就是我對這篇文章所提出來的質疑，做一些簡單的回答。我想說的，絕對不是科學家不能質疑，而是這個質疑有沒有效，有沒有一針見血、一槍斃命之效。如果質疑都可以被輕易回答，這些質疑就都是無效質疑。

作者要質疑占星術的可信度，最核心的問題只有一個，就是「從天象預測國家興衰和個人命運」，到底憑什麼？

我們想要推翻占星術的可信度，不是問那些無關緊要、很容易被否決的問題，要針對這個問題核心，挖進去，一層一層地問，越問越深。比如說：

天象可以預測人？天與人之間的關聯是什麼？有沒有證據？它依據的材料、公式、原理是什麼？為什麼？有統計的數據嗎？占星術起源於三千年前的兩河流域美索不達米亞平原，它那個年代，有條件可以進行統計分析嗎？如果不是靠統計分析，它的推演為什麼可信？它的關係是任意的，還是必然的？有沒有例外或反證？占星學家能解釋這些例外或反證嗎？……

如果我們帶學生讀了一大篇「科學家」的文章，看起來每段都在問問題，好像問題層出不窮、非常豐富，然而沒有一個問題是有效果、有力量的，那麼，選這篇文章的價值在哪裡呢？

教學生讀文章，是要訓練他們思考，幫助他們跨越學科領域的障礙，進行合理有效的思考，而不是對「科學家」進行盲目的崇拜。如果對自己的學科沒有足夠的自知和自信，跨什麼領域？在進行跨領域教學之前，不如先認識一下自己的領域。

在人文學科裡面，問出好問題很重要。如何問出像樣的問題、有效的問題，是我們要引導學生練習的功夫。如果我們真的要選科普文章，可能要選一些更會問問題的文章，對學生來說，那會更有效益。

文言文

最近關於「文言文比例調降」的問題，吵得很兇。

原有文言比例保留，不見得能確保大家古文就能學好，這是事實。但是把文言比例降到最低，讓大家都來上白話文，還放進「蠹番」、「嫖妓」那些問題多多的本土文言文，大家就能把語文學好了？

還有另外一種吃瓜群眾，人家說「怎麼教比較重要，課本不重要啦」，就傻裡扒雞地大聲叫好，拍手稱讚。

我當然知道怎麼教比較重要，弄再好的教材，遇到不會教的老師也是白搭。這麼簡單的道理，誰不知道？但是，因為老師很重要，所以課本就不重要了？因為老師很重要，所以文言比例下修、把「蠹番」、「嫖妓」的奇怪文章放進必選文章就沒有關係了嗎？

現在是在談選文，不是在談師培。師培有問題，在師培的脈絡裡解決；選文的問題，要在教材的內容上討論。扯一下師培的問題，教材的惡搞就變得無所謂了？

「鄉愿」所以可惡，就是似是而非。那個說「讀唐宋古文就是造神」的孩子，他一點也不可惡，他一開口，大家哈哈大笑，知道他啥也不懂，不用計較，沒啥影響。唯一的影響，是政府把他給糟蹋了，讓他變成笑話，如此而已。說「老師怎麼教比較重要，課本不重要」的，才可怕。因為這話有部分是真的，越像真的東西，就越可怕。「惡紫之奪朱」，就是這個意思。他像得不得了，你以為是真的，結果他是假的，那影響才大。

老師的教法確實影響很大，無庸置疑。但我們把教材搞爛了，老師的教學空間一定受到局限，怎麼會沒影響？所以選文的問題不可能完全不重要。

說「多讀不如精讀」的人，那是站著說話不腰疼。必選古文從四十篇到三十篇，再到二十篇，一路降下去，降了就會精讀？我們小時候每學期都讀一篇蔣公的爛文章，比例也不高，誰精讀了？調降比例的爛理由，可笑已極。

比例調降，就是他接觸機會的降低。我們不能保證老師都把古文教好，但是把那些好的古文留在課本裡，至少讓孩子有更多機會去接觸，他有機會讀懂，儘管不是百分之百。

機會，是機會，給孩子留點機會。把這些從課本刪光光，然後說：這樣學生就可以自己主動去找書來讀了，我只能說，天龍人到處有，現在特別多。

好了，接下來，我們來談一點古代的文章，快要被這些人「消滅」的東西。用「古文」其實歧義多，容易誤解，「文言文」又被太多人污名化了。我還是直接舉例子，說明為什麼這些文章要盡量保留。

最近正在給學生上〈燭之武退秦師〉。

晉公子重耳流亡在外十九年，受了不少屈辱，復位為君之後，就是晉文公，他找了好友兼恩公秦穆公，跟他聯手，一起找仇人之一的鄭文公報仇。

鄭文公慌了，有個佚之狐給他出主意：咱把老得快死掉的燭之武請出來，他能解決問題。

鄭文公很糗，因為他從來沒把燭之武當回事，冷凍了他半輩子，現在人家都快死了，遇到危難才求他救命，非常丟人。

但是火燒屁股，國家快完蛋了，沒法子，只好拉下老臉賠不是。燭之武酸溜溜地罵了一場，鄭文公乖乖挨罵，燭之武覺得爽了，出馬。

燭之武避開晉軍耳目，半夜用繩子拉著自己偷偷下城，溜進秦營，幾句話把問題解決了。秦穆公退兵，還派人幫鄭國防守。

晉文公身邊的謀士咎犯惱了，要文公跟秦撕破臉幹一場，但文公拒絕了。

就是這麼一個故事，好看不？這文章有沒有用？老師怎麼教？

我在網路上看到一篇文采很漂亮的文章，談他怎麼上這一課，眼睛一亮，細心拜讀。

讀完之後，我都快被他們說服了。老師真的太重要了，這麼好的文章，被這個老師一上，就完全成了廢文。果然，光把好文章留在課本裡是不夠的。

容我再讚美一次，文筆之優美，真沒話講。但照這個老師的思路，有沒有燭之武，沒啥影響，反正強侵弱，歷史的必然，燭之武說服不了什麼啦。

就算燭之武只是早一步揭開了局勢的面紗，就算秦伯也未必沒想到他說的這些，這面紗的揭與不揭，難道不是左右當時秦君決定的關鍵？

在關鍵的時刻，有一個人說了幾句話，做了幾件事，歷史的轉輪，就會受到影響。

儘管秦是大國，儘管鄭是小國，儘管燭之武是個快要死掉的老人。他撥了這一下，當然不會使鄭國變強，也不會使鄭國永遠不滅亡，但他讓鄭國這一次活下來了，這就夠了。

就算只是讓鄭國多活幾年，歷史的轉輪就是在他這幾句話裡，有了速度和方向的微妙改變。不只是這一次的燭之武，後來的弦高也是一樣。

《大學》裏說：「一言僨事，一人定國。」聽起來像誇飾，其實不是，一句話搞砸大事，或一個人扭轉局勢，這種例子多得很。

那是一種強烈的提醒和刺激，告訴後代的讀書人，不要小看你說的話、做的事情，那影響可能遠遠超乎你的想像。

國文課最難的地方就在這裡。若能把課文裡的生命講透，那是深刻的解讀能力，是見識，不是才華。文章寫得淒美，帶學生為人性的貪婪同聲一哭，為歷史長河的無可逆轉揮淚哀悼，這叫才華。

在這種課文裡，我們需要的正是老師的見識，最不需要的就是老師的才華。很會哀悼有什麼用？讀《左傳》這一段，就是要教我們為歷史的黑河哀悼一場的嗎？

難怪他們要降低文言比例。這樣教，這一課立馬就變成廢文，廢掉也完全不可惜。

秦晉之間的關係，是軍事同盟，它穩固嗎？在什麼樣的情況下穩固？什麼樣的情況會有問題？中國大陸跟北韓是血盟兄弟嗎？那這個禮拜的核子試爆說明了什麼？中國大陸跟俄羅斯之間鐵哥兒似的關係，又應該怎麼看待？

如果你是秦穆公，你會退兵嗎？你會退兵之外再加碼幫對方防守嗎？秦穆公片面破壞了這個軍事協定，會不會付出代價？他還得起這筆代價嗎？對照後來的秦晉之戰，你會怎麼評價秦穆公這個決定？

晉文公拒絕了咎犯的提議，決定隱忍退兵，吃下這顆蒼蠅。他這樣做的原因是什麼？除了他嘴巴說的不仁、不智、不武，還有哪些可能原因？如果是你，你會怎麼做？孔子說他「譎而不正」，對照這一課的材料，你會如何理解和判斷孔子的評價？

弱國真的無外交嗎？什麼樣的意義下弱國無外交？如果弱國可能有外交，他可以做的又可能是什麼？

在這樣的國際關係裡談外交，裡面有一些思維的提醒很重要，譬如：「我知道你要什麼、不要什麼」、「我有你要的東西，或者你怕的東西」，這才是談判裡的精華。

這些東西沒弄懂，我們的孩子就只永遠會跟著人家搖旗吶喊，用盡所有的手段，逼別人看見台灣、承認台灣，永遠悲情，永遠憤怒。

這些問題所帶來的思路，跟當今的時局有沒有關係？那一段是過時無用的？來，我們把這一篇拿掉。請你找一篇白話短文，不能超過這一篇的篇幅，但必須涵蓋我們剛剛說的這些問題。你找得到嗎？

多讀本土，多讀白話，那不是問題，把這些精煉深刻的好文章拿掉，降低比例，才是問題。那些不管課文內容，只強調作者不能只有漢人、也不能只有男人的，欸，那這樣好了，我們最後是不是規定一下：

課本裡一定要男作家一半，女作家一半。喔不，而且還要異性戀一半，同性戀一半。喔不，還有，原住民一半，漢人一半。嗯，祖籍閩南的一半，客家人一半（對不起這年頭外省人沒有扣打）。試求出最大公約數。

這樣來定選文比例，一定超棒的，對嗎？

學習

昨天和好朋友聊了一個下午，討論有關孩子學習的事情，觸發甚多。

學習，是每個人一生的功課，每個人在生活裡遇到的每個問題，都和學習有關。但我們對它的看待，時常各有盲點，免不了有許多扭曲和遮蔽，對於要學什麼、不學什麼，很難判斷。

其實，在我們長大成人之後，這些問題仍然重要。可惜的是，我們好像總覺得那不該是問題，也不會是問題，於是，我們的學習功課往往下意識地缺交、空白，不再答卷。

在人生的旅程裡，到底哪些學習、什麼樣的學習，才是最重要的、絕對必要的？學習的主從和順序，應該要怎麼排定、怎麼看待？站在教育的崗位上，每一年當然都會看到孩子們為此焦慮，同時，也看到許多大人一生都無法擺脫那樣的夢魘——譬如千篇一律的教師研習活動，永遠抓不到重點；譬如許多人一輩子醒不過來的學歷偏執，永遠無法辨識人才優劣，找到自己的定位。

於是，我總是不斷在思考這個課題。

我剛來中山教書的時候，聽到一個很優秀的歷史老師說：「學生連這個都不知道！什麼程度！」那語氣裡充滿了不可思議、荒謬感和鄙視。我心裡一驚，於是想起一場考試。

我來考中山時，筆試題目裡提到楊逵的「東海花園」，然後問考生：這個地方應該叫做「東海花園」、「東海菜園」還是「東海農園」？請申論理由。

我看到題目時完全傻眼，菜園？花園？農園？他已經叫做花園了，我還要去比較哪個稱呼好？叫做什麼園到底干我……呃不，這個命題的層次怎麼會是這樣？

等我進來以後，發現題目原來出自一位同事之手。這位同事在聊天時提起，「不知道楊逵的人，沒有資格在中學教國文」，所以她找她先生出了這個題目。她的先生，原來是臺文所的教授。

在他們的眼裡，「楊逵」是考試的基本門檻，考生如果不知道為什麼命名為「花園」，無法闡述命名為「花園」的「意境」，就「沒有資格教書」。我想，對他們來說，考生如果不知道什麼叫潁濱、什麼叫欒城、什麼叫遺山，也許就無所謂了。

所以，在學習旅程裡，究竟什麼是重要的？

我想起念研究所的時候，有一次上思想史的課，赫然發現，有一個學妹，她完全沒有聽過「黃宗羲」這個人。我當場嚇得眼珠子都差點兒掉了出來。不知道黃宗羲？不知道黃宗羲，這樣也可以考上「中文研究所」嗎？

後來，我心裡又想，「不知道楊逵的花園叫什麼名字」，和「連黃宗羲這樣的重量級人物都沒聽過」，不知道是哪個更嚴重一些呢？

那些意識形態上的問題，且不去管它，但《大學》裡說：「物有本末，事有終始。知所先後，則近道矣。」學問裡面，是不是也應該有個本末、次第？

譬如說林放問禮之本，孔子讚美他問得好，出現了「大哉問」這個千古讚詞。時至今日，我們還是覺得他問得太好了，這是求真學問，能夠問到重點、問到深處。

就像學生問我：「人為什麼要學詩？」「讀書是為了什麼？」「什麼是幸福？」「怎麼樣才不會有空虛感？」當她們這樣問我的時候，我感動得渾身一震，這也是大哉問，他們已經能夠問到點兒上了。

所以，學習的路程上，到底什麼是重要的，本末次序應該如何看待，是一個不容迴避的大問題。但很可惜的是，它時常混淆，很不容易弄清楚，包括各種「專業人士」在內。

我記得我大約小學五、六年級的時候，遇到了兩場考試，永難忘懷。因為，我都拿了零分。音樂老師先後考了兩個題目，讓我遇到了前所未有的挑戰：一是作曲，一是測音感。

讓我們「作曲」無疑是荒謬的，我沒有真正好好學過樂理，什麼大調一概分不清，最基礎的音樂常識也幾乎都沒有，考作曲？唯一的辦法，當然是把五線譜上的所有空格填滿，忽高忽低，隨意亂填。其結果可想而知。

另一道題是測「音感」，老師在鋼琴上彈一個音，我必須當場辨認。我一樣完全不會，零分。老師並不知道我從小就喜歡唱歌，唱過無數的歌。在老師的心裡，我毫無疑問是個音癡。

其實我不是，當然不是，我考試時答不出來，但我學習別人唱歌，從來不會走音。長大以後的我，還進入了建中合唱團，那是一個每年都得省賽冠軍的團體，水準並不低。更大一點，我還繼續唱歌，唱了一輩子的歌。好不好聽不敢說，至少調子是對的。

在那個階段，老師用了她認為正確的方法來檢定我們的程度，對她們來說，那就是基本門檻，非會不可。但其實這種檢定，時常檢測不出真正重要的東西。從這個檢定看一個人的音樂素養，幾乎什麼也看不到。

這讓我對於「專業」的定義，產生了許多反思。

在某些國文老師眼中，「知道楊逵的花園名字和命名理由」是門檻；在某些音樂老師眼中，「正確音感」和「作曲能力」是門檻；在我的研究生時期，我的觀念認為「認識黃宗羲」是基本得不能再基本的門檻。以此類推，每個專業領域裡，都有某些他們認為絕對錯不了的門檻，但很可惜的是，那些門檻都不一定是「對」的。

在電腦還不普及的時代，我們寫文章都是用筆寫在稿紙上，我那時教太極拳，給學習者寫過一篇文章，剛好用了一個詞：「藩籬」。寫的時候沒有留心，想到藩籬的作用就像竹籬笆，下意識地就把「藩籬」的「藩」字寫成了竹字頭。

那時一群同事都來跟我學太極拳，也都拿到了我的文章。其中有一個國文老師，看到了「藩」這個錯字，見獵心喜，大為興奮，到每一班的課堂上課都要宣揚這件事，說「一個國文老師連藩籬的藩都會寫錯，嗚呼哀哉」。剛好她的學生認識我，特地跑來問我，我才得知自己出了糗。

那時她來練太極拳，時常有膝蓋痛的問題，提問時一直把膝蓋的「膝」念成「漆」。因為她是前輩，我一直不好意思指正她。出了這事以後，我忍不住總會想：「藩籬的藩寫錯部首」，和「膝蓋的膝都唸錯」，到底是哪一個比較嚴重呢？

事實上，文字的形、音、義在古代都是「小學」，和灑掃、應對、進退都被看成是基本的學習項目，等到修身齊家治國平天下的時候，就要叫做「大學」了，和「小學」明顯做出區別。

我們不能說「大學」重要，「小學」就不重要，那是學習的基本，但所謂的章句、句讀之學，終究被歸類在「小人儒」，而和「君子儒」對舉，這裡面還是有個價值上的輕重判斷。

這種判斷，在生命裡至關重要。「知所先後，則近道矣」，那不是隨便說說的，分不出輕重本末，就離開了生命之道，絕對是大事，不能輕忽。

以前朱光潛在他的書裡說過，中學老師的任務，其實只有兩項，一是啟發興趣，二是教會方法。我讀到這裡的時候，覺得簡直是振聾發聵。他等於是明明白白地告訴我們，老師的任務，不包括「傳授知識」。這種清明的洞見，真是太偉大，太有魄力了。

興趣的啟發，可以讓孩子開始有力量往前走；方法的引導，則讓他們按照最好的次第，確保他們能夠走到想去的地方，並且提高效率。這兩者，都是學習的關鍵，而知識的傳授，恰恰是他們在這個過程裡都能得到的東西，其實不需要老師費那麼大勁去複製貼上。前者是本，後者是末，「知所先後，則近道矣」，問題就解決了。

換句話說，每一場學習裡，它們共同的問題都是：什麼是最重要的？什麼是本、什麼是末？主從次序是什麼？但所有自認為專業的學習者、教學者，都有可能弄錯或分不清楚本末次第，因為它看起來如此簡單，而事實上偏偏又很容易弄偏弄錯。

寫錯字、念錯音，都是很糗的事情，在學習的順序上它是先，錯了確實很丟臉，但在這個領域裡，它的重要性卻可能是末，這兒還有更重要的東西，應該要被辨認出來。

譬如說，關於語文學習的能力指標，我曾經粗略擬出三個方向：一是形象思維，二是結構思考，三是語言節奏。這三者，我認為是語文能力最核心的部分。

形象思維，就是把文字轉譯為圖像的能力，同時也是把圖像融進文字的能力。有這種能力，閱讀就像看電影，完全不費力，而且很容易還原現場，有如親見親聞。反過來說，在文字表述時，也能把現場圖像轉譯到文字裡，所有的文字表述都像電影播放，讓人如臨其境。

結構思考，就是抽象思維、理性分析的能力，在一堆語言文字的訊息裡裡，能夠分出層次，理出前後、主從、歸屬，一團訊息冒出來的時候，能夠知道哪個是上位概念，哪個是下位概念，哪個是隱含前提，哪個是主要命題，他們在結構上都是些什麼關係。如果形象思維和感性有關，結構思考就和理性有關，這兩個向度，都是語文能力的核心。

最後一個，是語言節奏，也就是形式能力。所有的語言文字都有音樂性，就是節奏、韻律，它來自創作者的生命意態，充實鼓盪的時候，文字的長短和聲音都會找到適當的位置，也就是「氣盛言宜」，原文是「氣盛而言之短長與聲之高下皆宜」，古人時常稱之為「文氣」，它無疑非常重要。

這三者，是我整理出來的東西，我認為它是語文能力中最準確的指標。但在其他的國文老師那裡，也許就未必如此認定了。

我們都知道，有的老師喜歡看到成語，喜歡看到典故，喜歡看到修辭，喜歡看到華麗而陌生的語言表達方式，這其實都牽涉到他們的文學觀（即使他們未必自覺），本來就難於統一。如果那麼容易統一的話，兩千年來就沒有那麼多複雜紛陳的文學流派了。

如果我們大膽一點，其實可以說，關於語文能力的指標為何，關乎我們對人生、對宇宙的基本看法，幾乎就是我們核心價值觀的一種體現。當我們展開一套檢核標準的時候，其實是展開了一套我們對世界的看法。可以想見，那是多麼重要的課題。

那天，一個處理人文社會資優課程的同事來問我，如果我們要選人文社會資優學生，我的標準會是什麼。

我說，資優是自然科學的專利，人文沒有資優。自稱人文社會資優的，都把資優的意思搞錯了。資優關係到對這個世界的觀察、測量和計算，對現實的絕對忠實，那是自然科學的領域。在人文社會科學的領域，它需要對現實的反叛和創造，推翻那些看起來準確的結論，重建更大的生活可能。這是一種氣質和傾向，無所謂資優。

同事追問，如何辨認這種傾向。我試著歸納了兩項，一是熱情，二是理性思辨。

以前在台大旁聽王澤鑑老師的民法課，在第一堂課，他就提出了法律人的基本條件：「對社會事務要能關心」。對人、對社會事務的熱情，是人文社會科學的必備條件，這種熱情，和對人的基本看法對待有關。得有人味兒，還得是濃濃的人味兒，能夠感通他人，想像他者。沒有這個，就只能忠實服從現實，沒有反叛、創造的可能，即或精於算計，也不能算是這個領域的人才。

譬如王熙鳳，機關算盡太聰明，就不是這個領域需要的人才。王熙鳳一生最精采的表現，就在「為秦可卿辦喪事」那一場表現，她辦得利索無比，光芒萬丈，處處精準，確實是人才，但她的長處只在算計，毋寧更接近於自然科學。王熙鳳同時也是榮國府敗落的元凶，她所有精密的計算，包括放債、行賄、謀害尤二姐而不露形跡……，都只成就了短暫的利益，至於弄死別人，到底有多慘，她完全不在乎。她顯然缺乏人文社會科學裡真正的反省力和穿透力。在這一點上，劉姥姥都比她強。

第二個就是理性思辨能力，和我前面說的結構思考差不多，但是更具體來說，她得識貨，分辨出什麼是真傢伙，什麼是贗品。她得知道自己缺什麼，應該怎麼去學習，哪些是更重要而迫切的，哪些是她要勉力克服的。

譬如說，有一些學生，總覺得自己聰明，只是時運不濟，覺得對綠衣黑裙頗為不服，不甘心屈居人後，但不願意低首下心來學習，對每一堂課、每個老師都不滿意，但她不知道如何面對這種困境。她的聰明才智都淹沒在情緒裡，沒有能力觀照自己，無法理性思考問題，也不知道怎麼看待和思考生命處境的問題。

這種氣質傾向的孩子，因為聰明，可能在學科上表現並不差，但她們先天受到很大的限制，大概就是在一個框框裡轉，怎麼都出不去，所有的知識，到她那裡都可能凍住了，不容易產生真正的開創性、穿透力，她充其量只能成為一個工具（而且可能是不太好用的工具）而已。

這兩項人文社會科學的能力指標，不是書上寫的，是我自己訂的，其實就是一種價值觀的展開，不是定於一尊的看法。不過，我們需要的本來就不是定於一尊的標準，而是清晰的洞察力，只要能夠自我穿透，弄清楚對我來說什麼事情重要，為什麼重要，而且能確實檢核自己是否具備，那就夠了。

我們辦理教師甄試，就是一個檢核專業能力的場合，我且用它來舉例子。

這一場檢核如果要準確，評鑑者就要問到核心處。只要問得準，不管對方的價值系統是否和我一致，還是能夠得出一個相對可靠的判斷。至於每個老師的氣質才情和強項各不相同，那無所謂，本來就不必統一。

有一次看試教，教的是范仲淹的〈岳陽樓記〉。考生的口條、台風，都沒有什麼大問題，等她坐下來，專業提問時我就問了，這一課的主要精神是什麼。

想當然耳，幾乎每個考生都會立刻鎖定「先憂後樂」，侃侃而談，她也不例外。但當我追問她：「這麼高的境界，學生能學嗎？如果學生問你，這種境界我根本就做不到，為什麼要學這個？要怎麼回答學生呢？」她就傻了。

她顯然從來沒想過這種問題，儘管教學經驗豐富，一句接一句都說得毫無空檔，但所有的面試委員都聽得出來，她其實不知道。

那麼這個不知道，重不重要呢？很重要，因為這等於是不知道為什麼要讀這一課、為什麼要選這一篇，那是這一課的根本問題、核心問題，這一點答不出來，就不能算具備足夠的專業能力。

還有一次看試教，教的是鄭愁予的〈錯誤〉。考生笑容燦爛、口條流暢，課堂氣氛非常熱鬧歡樂，她把生命裡能想到的「錯誤」幾乎都講了一遍，豐富極了。

等她坐下來，我就問了一個問題：「詩裡說『達達的馬蹄是美麗的錯誤』，這個錯誤，為什麼是『美麗』的？『美』在何處？」

她顯然完全沒想過這個問題，當場傻住。她把思維做了極大化的發散，但卻無法把文本裡的句子講解出真正的味道來。

這讓我想到，有一年大考的題目是「想飛」，有個補習班的國文老師，為了顯現出自己的專業，考試當天立刻寫了一篇範文，登在報紙上讓大家觀摩學習，順便打一下廣告。

我看那篇文章，把中文裡有關飛的詞彙都收羅在一起，整個就是一部「飛飛大全」，就差沒有放進藝人鳳飛飛的名字了，但從頭到尾，沒有提過人為什麼要「飛」，「飛」到哪兒去，「飛」意味著什麼。

那一次，讓我對補習班的國文老師印象深刻，充分意識到學習方向錯誤的可怕。

每個人的價值系統儘可不同，但對文本的解讀，還是應該要有基本的能力，也就是掌握核心問題的能力。所有的學習，都是在回答生命的問題。學習的歷程中，最重要的一點，就是辨認出哪些東西對生命來說是重要的、核心的問題，然後在真切的問題感裡面去尋找答案，檢核答案。

每個人的問題和答案都可能不同，也不必相同，重點是對自己的生命來說，真正重要的問題在哪裡，應該如何去回應。

我們的學生，每天的生活裡都是學習，對她來說，每一門科目、每一個單元，為什麼要學？重要性在哪裡？應該怎麼學？這都是不應該迴避的問題。

我們當老師的，雖然已經成了大人，但我們的問題也一樣。我們想教會孩子什麼？學會什麼才是重要的？我們自己具備那些嗎？

我聽過一種「教師甄試」的辦法，就是把臺大的資料放一邊，其他學校的放一邊，從臺大的裡面挑。那些老師認為，看學歷最準確、最「客觀」。

如果我們只能用這種標籤來做區別，而其實無法辨認學生或其他大人真正具備的能力，那麼，我們在學習上其實是交了白卷。

無法辨別本末輕重、主從先後的人，無法識別人才的優劣精粗，知識無法內化和活用，只能依賴標籤、依賴假象的規準，完全無法認識學習的內核。

就像我認識的一位修辭學的老師，他在課堂上最得意的事情，就是他對修辭的分類，比他的老師多了好幾類，他好棒、好專業。或者像那個補習班老師一樣，記住了許多跟飛有關的詞彙，然後年復一年，只能每天把他所記得的知識反覆輪誦。

事實上，他們的學習內容可能都是空洞的堆砌，乾枯無味。

我遇過一個學佛的人，所有的時間精力幾乎都獻給了佛法，但對家庭問題束手無策。有一次聊天，提到大悲咒，她很驚訝地說：「你一個吃素的人，不知道那全都是觀世音菩薩的名號？我女兒小學就知道了！」

我還遇過一個同事，性情非常亢進，總是焦慮不安。她對西方藝術史很熟，每天嘴巴上都要掛著高更、梵谷、印象派，如果人家沒聽過哪一個畫派，她就要充滿鄙夷地大喊：「啊？你連這個畫派都不知道？這是常識耶？」

知道大悲咒的由來，就能受到佛法的滋潤嗎？知道某一個畫派，就能被藝術滋潤了嗎？不能明白本末次第的學習，到頭來，都是空的。

我是這麼想的：真正的學習，從來都不只是知識和經歷的累積，而是生命的自我進化。學習，不在乎哪個科目或領域，領域之間沒有優劣好壞，重點是跟什麼樣的人、用什麼樣的方法、在什麼樣環境中學習，能分清主從次第、辨別輕重緩急的學習，才是一場優質的學習。

我只能努力地學習。

歌曲報告

最近讓學生報告「歌詞」，當作一個語文練習的單元。

這個單元，雖然兩年前也在高一的班級做過，但我其實沒有做過示範。最近想了想，覺得好像還是應該自己先做一次，也許可以激發同學的思考，讓同學把報告做得更深入一些。我挑的是大陸的歌手毛不易，講了兩首他的歌，把歌詞做成簡報檔，試著做一點賞析，給同學做個參考。

第一首是〈像我這樣的人〉。

首先，這首歌的切入點，我從所有文學創作的共同核心講起。我們知道，一切文學作品的核心，其實都是「生命意識」，也就是生命對自己的存在或存在處境，有所意識、有所認識，並進而表達了某種態度、判斷，或者隱含的決定。那麼這首歌的題目、歌詞，首先就是對於自我這個存在，表達了某種認識或決定。這既是一切創作的核心，也是這首歌主要的基調。我們解讀這首歌，可以從這裡切進去。

其次，是關於體裁的安排。這首歌分成了好幾個形式相似的段落，形成很多看起來重複的節奏。每一段的開頭，都是「像我這樣XX的人」，而其中的關鍵詞XX，就可以做出很多的變化，從而讓歌詞開展很多不同的層次。

這種寫法大家都很熟悉，因為這是流行歌常見的做法，因為結構一致、節奏重複，會使得歌曲有一種穩定而易於熟悉的旋律，也會使歌曲要表達的基調一致，並且得到強化。事實上，早在兩千多年前，老祖宗就是這麼做的——我們學《詩經》，不是總會看到「一唱三嘆」的寫法嗎？

在「一唱三嘆」的結構裡，我們一定也會注意到「同中有異」的現象，在完全同樣的結構裡，將其中關鍵字稍加改動，使情意得以推進、轉折或深化。就像〈關雎〉篇裡面，從一開始的「君子好逑」，到中間的「求之不得」，到最後的「鐘鼓樂之」，其實就是愛慕之情的三部曲。

這種「同中有異」，乃至情感層層深入或轉折的現象，大家都看得懂。不過，這裡面還有一點審美的道理，可以跟同學說一說。

關於文學作品的美感形成，其中時常隱含的兩個特點，一是「一致性」，一是「變化性」。比如說「西風殘照，漢家陵闕」，這幾個字驚天動地，簡直千古絕唱，為什麼呢？其中有一個要點，就是一致性和變化性。西風，是一年將盡的秋。殘照，是一日將盡的黃昏。漢家陵闕，是一個已經告別的王朝宮闕。那麼，這種「將盡」「已盡」的灰頹、蒼茫色調，在這幾個字裡是高度一致的，形成渾然一體的美感。這就是「一致性」。

可是同樣講時間的主調裡，卻又切出了好幾個不同的層次，一年將盡的「西風」，一日將盡的「殘照」，都是此時此刻。而「漢家陵闕」，卻是已經消逝的王朝懷想。這不但寫出不同的層次感，而且今古對照，拉開了強烈的張力。這就是「變化性」。

好，那麼我們來細看這首歌詞。像我這樣「優秀」的人，像我這樣「聰明」的人，這兩句看起來挺「一致」的，怎麼「一致」呢？懷才不遇，所以「人海浮沉」，「一身傷痕」。這兩段之間，算是有一點小小的變化，一個是「人海浮沉」的喟嘆或不甘，一個是「一身傷痕」的自憐或自傷。

這樣的訴說，我們都不陌生。就像孟浩然說「不才明主棄，多病故人疏」，這也是一種自憐自傷，但這個自憐自傷裡面，就有很多學問。

創作本來是一場自我言說、自我對話，本來就可以是一場自我救贖、自我療癒的旅程，所以自憐自傷也很正常。我們看到小貓小狗受了傷，也都會用舌頭去舔舐舔舐，舔舔就好了，有時候創作也有類似的效果，人家說歌德失戀受了傷，寫完《少年維特的煩惱》，他的痛苦就好了。這不知是否為真，但總之，把創作作為一種自我療傷的方法，沒什麼不好，自憐自傷，也是很自然的事情。

但這些自憐自傷的話，要是說出來給別人聽，一個不小心，就有可能帶著「邀憐」或「乞憐」的意味。「乞憐」的味道要是重了，這文字就會帶著「寒乞相」——跟人家要東西，那意思直露無餘，就顯得不美了。就像孟浩然，「不才明主棄」那兩句說得太重了，味道不好，唐玄宗看了不痛快，就更不喜歡他了。

那怎麼樣才不會說過頭呢？就是「接受」。接受現狀，接受傷痛，接受不夠好，甚至接受種種的不甘心。這聽起來有點矛盾，既然是傷痛不甘心，怎麼還能接受呢？接受，就是把這個傷痛、不甘心給轉化了，讓它既成為素材，也成為審美對象。接受這種種的不夠好，它於是成為一種輕輕的詠嘆，成為抑揚頓挫的旋律，距離拉開了，審美的可能也產生了。

就像下面這段，他對自己的認知，已經從「優秀」「聰明」，轉成了「迷茫」「尋找」，甚至轉成了「碌碌無為」，這就是一場接受的過程。接受各種不夠好，接受了自己終究是「碌碌無為」。

更重要的，是後面那一句：「你還見過多少人」，我覺得，這是一場重要的轉化，他從「優秀」「聰明」各種獨一無二的自我認知，一路退下去，不知不覺地，似乎悄然接受了一個事實，就是「我和大家其實都差不多」，像我這樣的人，也許滿大街都是。那個鮮明的，自憐自傷的我，獨一無二的我，終於被稀釋到千千萬萬的人群裡去，開始消解了。

被消解了以後的「我」，開始老老實實地，用更加平庸的詞彙來說自己了。他不只是「迷茫」「碌碌無為」，他甚至已經接受自己是「庸俗」「懦弱」的人了。從前面的不甘心，一路走到這裡的接受，我們會讀到一種很自然的傷悲。

自憐自傷的味道淡了，但是蒼茫喟嘆的味道卻濃了。那好像在對自己說：是的，我知道，我只是一個庸俗、懦弱的人，我明白。這既是寫實的，又是無奈的。

就在這份無奈的寫實裡頭，他還是意識到了心裡頭的波瀾。聽到老歌時，他有時會恍神；為了誰的關係，也會想奮不顧身——這都是還沒有熄滅的青春，尚未化為死灰的火熱。察覺心底那股火熱時，也許有些很「裡面」的自己回來了，卻又有更多的不知所措。

如果說前面每一段所問的「怎麼」都是激問，都是不甘心的質疑；那麼，這兩段所問的「怎麼」，就成了疑惑，對自己到底是誰的疑惑。從心有不甘的「質疑」，到不知所措的「疑惑」，裡面有一去一回的起伏，這場「自我的觀照」也就一層層地，越來越深——這就是「層次感」。

我們學詞的時候，都知道好的作品要能夠「渾成」，同時還要有「層深」。有層深的作品，才會有厚度，才會耐人咀嚼。因為人本來是立體的，生命本來就是多層次多面向的，有了層深，這才成為一場生命的探索，一場風景多姿的旅程。

旅程走到這裡，心裡交織的是接受和不甘心，是優秀和庸俗，是聰明和懦弱，是燦爛一生和碌碌無為，總之是一片矛盾和迷茫。於是，沒有答案了，找不到答案。沒有答案，就剩下直覺了。

此時此刻的直覺，就是孤單——這麼矛盾的感覺，怎麼能說得清楚呢？怎麼可能會有人明白呢？連我自己都不明白啊！

自己是誰都弄不明白，自然是傻子。傻是傻，可我總算弄明白了一件事，我就是個明明不行又老不甘心的人，明明庸俗懦弱又老愛做夢，想著什麼燦爛一生的人——像我這樣的人，應該很多吧？應該滿大街，不，不，滿坑滿谷都是吧？所以說「像我這樣不甘平凡的人，世界上有多少人」。

於是，不但先前那個鮮明的，自憐自傷、獨一無二的我被稀釋消解了，連這個終於明白自己是怎麼回事的人，也被消融吸收到千千萬萬的人群裡去了。這既是再一次的自我認知，也是再一次的消解。意思就是說——也許，我們大家，都是這樣的。

就這一點，我覺得特別好。他一開頭就是生命意識，就是對自我的存在發出許多疑惑，本來是自憐自傷，但到最後這感覺被消融到千千萬萬人之中去了，所以他能召喚許多共鳴——大家都做著獨一無二不甘平凡的夢，而大家也都在人海裡浮沉，唱著憂傷的歌。

以前王國維評論李後主的詞，曾說「後主之詞，真所謂以血書者也。宋道君皇帝《燕山亭》詞亦略似之。然道君不過自道身世之戚，後主則儼有釋迦、基督擔荷人類罪惡之意，其大小固不同矣。」「自道身世」和「擔荷人類罪惡」有什麼不同？一個是自晦自憐自己爽，一個是原來我們都一樣。這首歌最動人的地方，也許就在這裡：原來，我們都一樣。

最後兩句，「像我這樣莫名其妙的人，會不會有人心疼」，照理說是畫龍點睛，要兜住整首歌的感覺。但我的感覺是，說得太過了，也許算是個敗筆。

他的導師薛之謙很喜歡他的才華，說自己研究寫歌詞研究了十二年，看到毛不易的詞，都想給他跪下了。但針對這首歌，薛之謙說他的歌滿滿的都是孤獨，不但孤獨，而且窮。

孤獨和窮，都不是罵人的話，只要真實，都不是問題。但那份自憐自傷，如果前面已經有可能消化掉了，最後就似乎不用再擠出來了。想要憐惜沒有錯，受傷的人都想，但好像也不能這麼明目張膽地討，討得直露無餘，前面所累積的厚度、氣韻，就有點消耗掉了。當然，這是我個人淺見，不一定準確。

不過，整體來說，這首歌的層次感很豐富，生命內在的各種矛盾也表現得很傳神，自憐的情緒在層層觀照的過程裡，化成了一種悠長的詠嘆。受過苦、跌過跤，歷經失望和破滅，乃至在平庸凡俗裡掙扎的人們，都能找到共鳴，無論如何，是一首動人的歌。

大哉問

沒想到「歌曲報告」引來了這樣的大哉問。

今天課堂上的歌曲賞析裡，有同學提到，她有時只想癱在那裏，什麼也不做，在那裏聽音樂，就被媽媽罵了。她發現長這麼大，其實沒有什麼東西真的是自己決定的。來到這個世界，本不是她自己的選擇，在這裡念書升學，也不是她自己的選擇。可以想見，這樣的表述裡有一種難以言喻的悲傷和不忿。

另一個同學則談到體制和自學的問題，說家裡總是罵她，說她「什麼東西都要東摸西摸，所以學測才會考不好。」她以前的同學，家裡讓她選擇了自學，現在不用跟我們一起升學，人家現在在練習辦雜誌，在街頭做問卷。她也不是說自學就好，事實上她也不知道到底好不好，但是在這個體制裏面，時常會有受困的感覺，很不開心。

針對課堂上提到的問題，我試著做了簡單的答覆，大概是這樣的。

身為一個體制內的受害者，我大概很難為這個體制說什麼話。我小學的時候受到老師的傷害和羞辱，覺得那已經是不得了的事情。但我升上國中的時候，卻受到了更大的傷害和羞辱，也是來自老師，那傷害已不是小學所能相比。我萬萬沒有想到，等我進了高中，那傷害又進入了新境界。因為那些大人們的所作所為，不但讓我對升學完全失去意志，也讓我對大人的世界完全喪失了信心。

所以，作為一個體制內的重度受害者，我實在完全沒辦法為這個大人定下來的體制說什麼話。

但是，這個「體制」到底有什麼用呢？我要從另一個角度來談一下可能的思考。

這個升學的體制，就是通過一套技術的手段，把一群可能是菁英的人聚在一起，形成一個環境。在這個環境，會有一些資源集中在裡面，你每天在這裡呼吸，眼睛看的、耳朵聽的，都是一群「可能是菁英」的人——只是可能，這都是機率問題——於是你的思維、眼界、看事情的方法，就在這裡和旁人不斷地互相影響。班上三十五個人，基本上都是經過一輪激烈的競爭篩選過的人，他們成為你的同儕，與你朝夕共處。另外就是老師，老師們也可能是經過激烈的競爭篩選過的人——只是可能，爛的當然也有——你每天聽這些人說話，互相分享著對這個世界的看法，彼此形成文化上的刺激。那麼，這個影響如何呢？

我覺得影響非常大。

我雖然在這個體制的高中階段受害最深，但我卻同時也在這個階段受到了關鍵性的影響。因為它是建中，我碰到了一群菁英——當然裡面也有魚鱉蝦蟹，但同時也碰到了許多蛟龍，正是這樣一群人，大大影響著我的生命，我對這個世界的看法。我寫《疏狂年少》，主要就是這個原因：我碰見了影響我至深的很多朋友，我的人生的可能性在這裡有了轉變，特別是他們把我帶去了書院（以前叫做覺舍），認識了毓老師，我的生命從此出現了質變。

如果沒有進建中，沒有遇見他們，我的生命將完全不是這個模樣。我不但在這個體制受益，而且生命有了關鍵性的重大改變。

是的，我受害，但同時也受益。

這是我個人的生命經驗，所以我首先要提出一點，這個體制可能會有很多問題，不，一定會有很多問題，但它也可能是大人們想出來的「相對安全」的「培養人才」辦法。至於它裡面的千瘡百孔，特別是該死的新課綱帶來的災難，還有待進一步解決。

那麼除了我的個人經驗以外，再往前一層，就是來思考我們「為什麼需要體制」。

我想舉岳飛的幾句話來當例子。岳飛年輕時非常喜歡野戰，這是充滿生命力的象徵，好幾場戰爭都打得很漂亮，宗澤對他非常欣賞，就說：「爾勇智才藝，古良將不能過，然好野戰，非萬全計。」因此授以陣圖。岳飛接著說：「陣而後戰，兵法之常，運用之妙，存乎一心。」

那我為什麼說這個呢？野戰當然好，但也要有那個條件，不是每個人的生命都具備這樣的主體性、能動性、創造力，但即便是岳飛這樣的軍事天才，而且是好野戰的軍事天才，他也接受了宗澤傳授的陣法，並且說了「陣而後戰，兵法之常」這樣的話。「常」是什麼？常道，這是相對穩定的方法。光靠這個當然不行，所以後面加了幾個字：「運用之妙，存乎一心。」

體制，就有點像是陣法，一個固定的套路，一套相對安全的設計，它一定會有很多問題，有待活人去調整運用，所以說「運用之妙，存乎一心」。

自學，就有點像是野戰，若不願意受到體制的拘束，生命裡又有那樣的主導性、創造力，當然也是一個選擇，但具不具備這樣的條件，需要自我檢視，它失敗的風險，當然也相對要高一些。

我這麼大概說完之後，同學的問題感似乎因此變得清楚許多，於是來約我中午談話。

她說，我以前一直以為我想念的是這個科系，將來就是要做這個工作，但是今天聽完了同學說的話，覺得心裡開始出現了懷疑：這個科系、工作，真的是我想要的嗎？會不會進去了以後才發現，根本不是自己想像的那回事，根本不是自己要的東西，到那時候怎麼辦？另外，關於自我要求這件事，當自己沒有辦法達到要求、達到標準的時候，實在沒有辦法釋懷，好像一直都是這樣長大的，很容易焦慮，這種情況怎麼辦？

我是這樣回答的。

首先，人們對於自己真正想要的東西，其實大部分的時候都還在摸索，無法確定。大人是這樣，小孩當然更是。這裡面最主要的原因，就是我們對於那個「想要」的想像，是受到很多條件限制的。貧窮沒有辦法想像富裕，忙碌沒有辦法想像悠閒，蜩與學鳩沒有辦法想像什麼是扶搖直上，也不能想像九萬里的高空。這就是限制，每個人都有他不同情況、不同程度的限制。每個人最需要面對和解決的，都是這個問題。

我們達不到某些目標，就痛苦莫名，無法釋懷，其實是因為我們沒有看過更高、更好的，眼界沒有打開到那個程度，所以連想像都沒辦法。就因為上不去，看不到那個層次，所以會被困在這裡，糾結在這裡。譬如說，沒有辦法達到那個標準，無法釋懷，這就是因為把這個標準看成唯一的、最高的、不可質疑的了。

事實上，生命裡的每個標準，都是隨時而變，從來不是絕對的。假設這個科目的標準被訂在九十分，那也是人定的。要知道這個九十分之有價值，只有在這個範圍、這個情境、這個條件裡有價值，一出了這個環境，它可能就沒有價值，或價值大大降低了。

我們設這個標準，無非是想在這個時間段裡達到一個什麼目的，那就看這個時間點自己願意用、能夠用多少力氣在上頭，去獲得這個價值。達不到，就是我們在這個階段條件不足——包括心理條件，可能我的心理狀態還沒能準備好，沒能到達那個地步，所以拿了八十分、七十分了。這跟我這個人的「價值」如何，完全沒有關係，它只是一個情境題，不是一個價值題。

要是說我「懶散」、「怠惰」、「三心兩意」、「意志不堅」等等，那就成了一個價值判斷，這下子因為恐懼或抗拒那個判斷，一方面想自我譴責，一方面又不甘心如此，所以就陷入了焦慮。

可是，問題根本不在這裡，問題在情境條件：我現階段弄這個東西，我有多少條件？心理條件是否準備充足？如果沒有，七十分八十分就是現階段條件的反映而已。

不夠高，又如何？再不高，也就是此時此刻有那麼一點情境中的好壞，情境稍一轉換，那點兒好壞很快就沒有了。

那麼，人們為什麼會一直糾結於此，老為這種東西頭暈腦熱？因為他沒看過大的東西。眼界沒有打開，就一直停留在別人設定好的價值牢籠裡。就像我說的，有些人覺得自己上中山，是個「挫折」，一輩子被這個東西困住，多麼可憐？人早該長大了，但心一直停在幼稚的價值牢籠裡，一直出不來。只有形體老了，靈魂卻長不起來。

想像一下，一個孩子考上第一還是第二志願，誰在乎？頂多也就是那個小孩的補習班導師在那裏查榜，在那裏計算業績，看看我的班上了幾個第一志願，幾個第二志願，好光榮、好丟臉，跟別班比贏還是輸……別的東西都看不到，就只能在這點兒東西上較量高低，這都是多麼蠢的事情？

那問題出在哪兒呢？因為沒見過大東西、好東西。眼界沒打開，心胸不開闊，就只能裝這些較量高低的小東西了。

說打開眼界，好像硬了些，那我們說得軟一點，就是「調頻」，調整我們的接收頻率。人會受困，是因為我們只能接收眼前這種頻率的東西，所以眼前這個東西的價值就變得單一、絕對、動不了，沒有得到就生不如死。如果我們把接收頻率的範圍調一下，「高頻」的東西也收得到，我們看到的世界就不一樣了。

我一直覺得，學習，是為了成為更自由的人。

所謂學習，是自我轉化，也就是鍛鍊腦子，改變觀看世界的方式。想要不被眼前的東西困住，就是要想辦法「上去」，讓它可以接收到更高更大的東西，只有提高觀看世界的高度，打開我們的可能性，我們才有可能獲得更大「自由」。

那麼回到剛剛說的「到底要什麼」的問題，我們扣著科系來談。若以科系的選擇來說，我們現在其實都還在重重的限制中進行，並沒有真正絕對的自由。這個時候，是真的還沒辦法自由。

比如說我選法律系吧，我做這個選擇時，是在那個時間點，確實沒有人阻止我、強迫我，但是，我能夠完全自由地做決定嗎？不能，因為我不知道做了這個決定以後，到時候的情況會是什麼。因為我還沒有經歷，我根本無從想像。

事實上，我只能半猜半賭，在我沒有真正進入法律系之前，無論誰提供的訊息都不準確，因為，他不是我。沒有人會知道林世奇念了法律系以後會變成什麼樣，包括林世奇自己。

何況，他當時才十八歲，跟你們一樣。那麼，這種重重迷茫、半猜半賭的決定，能夠算真正的自由嗎？那只是重重限制下，勉強「擠」出的決定而已。

好，那怎麼辦？科系做錯了決定怎麼辦？發現這根本不是我要的怎麼辦？這就是我接下來要說的，關於「念大學」這回事。弄明白大學是什麼，才知道選科系是在做什麼。

我們可以想像一下，「大學」這個東西設立的初衷。從高中到大學這一條路，本來是和技職體系區隔開來的。技職體系訓練我們擁有一技之長，用這個專門的才能來謀職，為這個專門領域創造價值。那麼大學呢？就相對於技職，不是只培養專門人才，還要培養更高等的、跨界的、有統合性的東西，或者能夠從實用性脫離出來，進行學術學理的探討研究。

所以大學的科系，他不是直接提供就業的技能，而是在做各種學科知識的培養、思維方法的鍛鍊，主要是訓練學生的腦子，讓他擁有基本的知識和方法，能夠順利進入那個領域去探索。

比如說我念法律系，法律系訓練的是什麼？是區別的能力。這個東西和那個東西要不要區別？為什麼要區別？為什麼不區別？區別了以後有什麼實益？法律系訓練的就是這個。具體一點來說，法律談的是權利義務關係，這裡面有私領域的權利義務關係，有公領域的權利義務，這就是區別。前者是民法，後者是刑法和行政法。然後在每個領域的權利義務裡面，一路區別下去，這就是法律人要幹的事情，也是法律人所受的主要訓練。

那麼，如我剛剛所說，這其實也就是個學科知識的培養、思維方法的鍛鍊而已，沒什麼大不了，並不是念了這個就要當法官、當律師，不是的。那麼在大學的科系裡受這種訓練，說得土一點，就是法律系訓練「法律腦」，哲學系訓練「哲學腦」，企管系訓練「企管腦」，有了這個腦，然後我來看看這個腦可以放到哪個領域裡去用。

比如說，法律系念好了，發現自己很適應，這很好，但是我們可能在這個學習的過程裡發現，咦，我特別對商業關係裡面的法律爭議有興趣，或者我可能對航海、航空、國際關係的領域有興趣，那我就可能去鑽研相關的事務，跑進那個領域的工作，而我所受訓的法律腦，就成了我進去時的資產。

再比如說，我高中時教我空手道的教練，他是台大畜牧系，那個時候我真無法想像畜牧系要做什麼。最妙的是他們家在花蓮還真的有養豬場，我有一次去找他，還真的看過他在那裡清洗豬圈、趕豬交配。那個時候我什麼也不懂，我以為因為那是他的科系、他的專長，從此也就是他的工作了。結果不是，他後來進了一家生技公司，生物科技和他的專業還真的有連結，他升遷很快，就成了那家生技公司的高管，生活優渥。那豬圈後來怎麼樣了，我也不知道，但總之根本就困不住他。

順帶一提，他是我高中時的偶像，他念高中的時候，早早拿下黑帶段位不說，他非常擅長對打，輕鬆拿下了全國中正盃的冠軍。我那時覺得，他是這個領域的巔峰，一定會終身以之。多年後我們重逢，他早就不練空手道了，完全不練，那麼他做什麼呢？超馬，他瘋狂地跑超馬，身體還是很好，但已經和空手道徹底道別。

——這是不是很像我們在選科系？選了什麼，以為就是一輩子，結果發現人生有太多未知，我們喜歡的想要的東西一直在變，我們的視野不同，看到的東西會一直不一樣，當初那個決定，不見得會跟我們一輩子。

所以法律系畢業的人，他可能變成法官律師，但也可能變成金融機構的法務人員，或者變成某個企業與法務相關的主管，甚至跟法律簡直沒有半點關係的，像我這種工作，教國文。這跟我們念「法律系」未必是衝突的，這個科系提供的，只是一個知識基礎和思維方法的訓練，讓我擁有這個條件，去職場上展開選擇，或者成為我生命中的一個特質、附加值，如此而已。

另外，大學和技職教育還有一個很重要的區別，因為它的學術性更純粹一點，所以它所提供的環境，是一個自由開放的，訓練獨立思考的，對於跨領域跨科際特別友好的環境。所以你要是進了法律系，你完全可以到文學院去旁聽史記、聽文心雕龍，那麼這是在幹什麼呢？這就是「大學」，它提供這樣的環境，打開視野，讓我們在不同學科、不同領域裡面去探索，去思考我們這個社會到底需要什麼？在不同學門的探索之中，去思考我要如何造就自己、來發揮自己生命特質的極大值，這就是「大學」之所以為「大」的地方。

所以台大以前的校長傅斯年說，「我們貢獻這所大學於宇宙的精神」，這其實是借用斯賓諾沙的話，翻譯起來真是怪腔怪調，但不管它了，總之，大學，是在培養能夠去「探索世界的奧秘」的人才，使得我們的「大學」成為宇宙間的一個有意義的份子。所以，它必須開放、必須自由，必須讓學生跨界跨領域無邊界的探索，它其實並不是技職訓練所。

正因如此，選一個大學的科系，並不會使我們的未來定型，只是讓我們對於探索這個世界有一個「專門知識的起點」而已。

最後講一個東西，就是關於「我們要什麼」。

我們真正想要的東西，嚴格講起來，其實不是一個科系，也不是一個職業，而是一種生活方式，一種價值感——在這個生活方式裡，能夠確認自我存在的意義，能夠感受生命的價值。只是因為我們對這個東西講不清楚，所以勉強用個科系、職業去想像。可是，這個世界的謀生方式一直在變化，用過去既有的職業型態去想像未來，時常會失準。如果回到本質上說，我們想要的其實就是某一種「現在可能還說不清」的生活感而已。

說不清就說不清，也沒關係，你可能三杯兩盞淡酒，小橋流水人家，也可能運籌帷幄，談笑間日進斗金，或者揮汗栽瓜，開著機器採收千畝瓜田……這些都和人生的際遇有關，不是此時決定。念書，是在訓練腦子，讓我們遇到事情的時候更知道如何做選擇，擁有更高的視野、更大的自由而已，不是在填科系決定終身幸福，沒那麼嚴重。

能耐大了，選擇就多，或者眼光就準，到時候生活方式會是如何，說不定還有全新的樣貌，是你們更喜歡的樣子，根本不是我們此時能夠想像的呢。

輯四・通變

考試、命題

就題論題——作者的話語權

今年學測的選擇題裡，引用了一篇樂評，設計了三道考題。原作者跳出來回應，表示他想了老半天，題目連他自己也不會寫，三題錯兩題。某種程度上，應該是表達了他的不滿。

看完作者的文章，我的第一印象是，他說得有條有理有據，而且很巧妙的把各種「抱怨」有效地藏在無奈裡面，讓人看了也跟著一肚子氣。

不過，我很快就察覺，這個反應不太好。就像平常的模擬考題、段考題，許多老師批評別人非常激烈，但自己命題時，卻總看不到盲點。這種反應模式總是危險，裡面有過多泛溢的情緒。

題目究竟出得如何，最好是自己認真看過仔細判斷，不宜有太多成見。

至於引文的作者出馬，是否就有權威的說服力？我想完全沒有。反過來說，大考中心的命題水準會有多高，無懈可擊？也未必。要做出判斷，最好的辦法還是自己看題目。

於是我就細看了。我還沒看引文，先看題目，第一個感覺是內容囉嗦、繞彎，淨在小圈圈裡打轉，實在是有點無聊的題目。但後來回頭看了引文，再重看題目，好像稍微可以理解命題老師在考什麼了。

我也認為這題目出得不好。這題目之所以囉嗦繞彎，是因為所用的引文本來就在講一些細微複雜的感覺，這種文章拿來考閱讀、考判斷，本來就有比較高的風險。在那一堆線索裡鑽來鑽去，要鑽出一個線頭來，很容易拉出讀者自己的經驗和主觀意識，增加判讀的多種歧異。選這種引文來考，確實是給自己找了麻煩。我不打算偏向誰的立場，這裡只想把我想到的幾個點整理一下。

首先，原作者的評論裡，有一個基本的抱怨。他說：「後來看到解答，左思右想，關於第一題，大概明白了出題老師的思路：閱讀測驗的答案，判斷的依據僅限於『摘錄的這段文章』，這段文字沒提到的，就等於不存在。」

我想他弄錯了，這不是「這件事存不存在」的問題，而是「讀者能從引文中看到什麼」的問題，這兩件事天差地遠。

這段文字沒提到的，不是「等於不存在」，而是不管他存不存在，不能拿來測試考生。在試題的設計中，它不能是考生判斷的重要依據，除非那是一項重要的文史知識，而這一項文史知識正是我們要鑑別考生語文優劣的判準。否則的話，這段文字沒提到的，本來就不是「閱讀理解」的測驗範圍。

限定判斷的範圍是必要的，如果我們不把範圍限定好，要每個人把自己的背景知識通通拿進來當作判斷依據，那我們考的還是「閱讀理解」嗎？

所以，對於這一個大前提，原作者應該是完全弄錯了。

原作者說：「既然這段文字沒提到羅大佑歌詞關於生命內在的惶惑，還把生命內在的惶惑和李宗盛連在一起，這就變成專屬於李宗盛的描述，而不能夠屬於羅大佑了。那麼說羅大佑省視個人生命內在的惶惑，就是屬於不適當的敘述了。」

不是這樣的。

他的原文裡，提到了這些概念：「羅大佑把臺灣流行音樂從『天真』帶向『世故』」、「充滿時代感」、「沉鬱滄桑」、「深沉抑鬱的『大人世界』」、「從青春情愛到歷史國族」、「自命早熟」、「時時把整個時代挑在肩上」……。根據這些線索，「歷史國族的沉重感」顯然是一條主線，這和「個人生命內在的惶惑」正好形成一個對照。

這並不是說「省視個人生命內在的惶惑」只能「專屬於李宗盛」，而是在這一段文字中看來，我們顯然可以用「歷史國族的沉重感」去概括羅大佑，而這和李宗盛的「生命內在的惶惑」正好是一組對比。作者在文中也用了「大時代的悲壯」和「個人主義的內省」來作對比，國族和個人，本來就是容易形成對比的一組理解方式，考生要閱讀這麼一串形容詞多到爆漿的描述，他如果不做這樣的概括和對照，考場中的他要怎樣理解羅大佑、從而作出正確判斷？

至於羅大佑有沒有寫「生命內在的惶惑」，原作者似乎很在意。我可以理解這種在意，但我們還是應該回到考題的基本設定去思考問題。先問幾個問題——

我們這題目是在考臺灣音樂史嗎？這題目是在考羅大佑作品風格的多向度評析嗎？我們這題目要不要懲罰「連羅大佑都沒聽過」的考生？

如果以上三的問題都是「否定」的，那麼，羅大佑有沒有寫「生命內在的惶惑」、是不是把「生命內在的惶惑」寫得最好的作者——這干考生什麼事？我們憑什麼要求考生一定要知道羅大佑有「將進酒」、「光陰的故事」、「耶穌的另一個名字」、「家」、「那是我所不能瞭解的事」？

我也很愛羅大佑，我甚至覺得考題裡那篇引文寫得不錯、原作者對李宗盛和羅大佑的概括有許多地方都滿好的……，但這都來自我們自己的背景知識和成長經驗，如果它不是宜於「鑑別考生語文能力」的，在這個考題裡，其實都不重要。

要討論考題，我們要思考的是：這題目能不能測出閱讀理解能力（或其他相關語文能力）——那就夠了。

說得嚴重一點，在這件事情上，羅大佑、李宗盛，還有原作者，都應該在旁邊坐好，不要干擾語文命題的專業。命題是一種專業，是關於評鑑、區別語文能力應該如何設計的專業，專業就是專業，就算是音樂史的專家，在這件事情上，也沒有發言權。因為我們考的不是臺灣音樂史。

至於原作者自己讀自己的文章，「讀得頭都昏了，依舊不明白」，這話很容易挑起大家對題目的反感。但我必須說，這不令人訝異。是的，讀自己的文章，未必比別人更明白。

原因是，原作者自己讀的時候，未必能做純粹文字的閱讀。和讀者相比，原作者更有可能帶著文字以外的各種背景知識、情意和文化想像在進行閱讀。他當初落筆成文，是在一大堆各種感覺裡沉澱、挑選、琢磨出這些文詞字句寫成的，那麼，他在重讀文章時，那許多沒有被放進文章裡的模糊的感覺，難道不會在閱讀時伴隨著一時俱現？在這個意義上，作者的判讀能力，並不必比讀者更權威、更準確。

同樣的道理，「熟聽李宗盛和羅大佑的老樂迷」，如果「很容易答錯」，理由也可能一樣——因為他們不是純粹地閱讀文章，是用自己的記憶在判讀。

如果我也用了自己的記憶在判讀，我甚至會對原作者的某些描述完全否認。譬如李宗盛「直白而不失詩意」、「對詞曲咬合之殫精竭慮，簡直有鐘錶師傅般的耐心」，我都不以為然。對我來說，李宗盛的「音樂性」很弱，時常有「唸歌」的感覺，根本就是中老年人咿咿呀呀的呻吟，詞可以，曲根本不行，什麼詞曲咬合？一點也不。試問，若用我個人的這些記憶和經驗來判讀這類文章，我還能寫這類題目嗎？

對於原作者的主要質疑，我的看法如上。他的批評理由，並不成立。但話說回來，我也不覺得題目出得多好。接下來，我們也不妨進一步細看這個題目。

首先是關於選材。

這篇引文評論流行音樂，裡面出現許多抽象的形容詞，難免有一些不易嚴格定義的模糊空間。若純粹只是閱讀，讀者各以生命經驗印證、體悟，即使天差地別，也都各具興味。但當它變成考題時，就完全不同了，測試的標的（鑑別點）一定要力求明確，避免爭議。

引文裡有大量的抽象描述，讀者在那一堆線索裡鑽來鑽去，要鑽出一個線頭來，很容易拉出自己的經驗和主觀意識，增加判讀的歧異。選這種文章來考，是給自己添麻煩，若不想陷入爭議，命題者就責無旁貸，必須慎之又慎。

譬如，28題，D項「擅長從柴米油鹽的日常中，提煉老於世故的省察」是正確的選項。

原文是「李宗盛則擅長從柴米油鹽的日常生活提煉詩意」，這沒問題，但若說成「提煉老於世故的省察」，還是對的嗎？

依原文，李宗盛雖然用作論的方式寫歌，但他提煉了「詩意」，那是指美感的形成；可題目說「提煉老於世故的省察」，那還算是美感嗎？

就是因為提煉詩意，他的作品才能「煽情」又「輕盈」。如果他提煉的是老於世故的省察，還能「煽情」又「輕盈」嗎？

再如29題，A項「二人均銳意經營歌詞的意象結構，直白而不失詩意」是錯誤的選項。為什麼錯？

題目的意思可能是：從原文看，「直白而不失詩意」屬於李宗盛的特質。利用文中線索來概括歌手的風格，李是柴米油鹽、日常生活，所以直白；羅則是擔負時代，沉鬱滄桑，所以深沉。因此「直白而不失詩意」屬於李、不屬於羅。

但這樣考一定會有爭議。因為沉鬱滄桑，和「直白而不失詩意」未必互斥。譬如〈童年〉，整體上是在悼念已經失去的歲月和童心，不免有沉鬱滄桑之感。但「池塘邊的榕樹上，知了在聲聲叫著夏天」，這類表現手法不都是「直白又詩意」嗎？

再如，同一題的D項「將邏輯辯證融入詩化的語言」是錯誤的選項，算是誘答。題目的意思可能是：以作論方式寫歌，並不等於「將邏輯辯證融入詩化的語言」，作論不等於邏輯辯證。作論是廣義的，可以涵蓋各種生命的課題，邏輯辯證是狹義的，是用邏輯規則進行辯證。

從原文看，「作論方式寫歌」這一句後面是：「獨特的切入角度」、「唱盡你堵在心頭的感歎」、「內省」、「挖掘生命內在的惶惑與悲歡」，所以，「作論方式」是說他能內省、挖出深刻的東西，不同於「邏輯辯證」，所以這一項是錯的。

但這個選項的誘答，是想要鑑別什麼？

文中描述李宗盛「百轉千迴的辯證」，用了「辯證」中反覆來回的概念，不是真的用「邏輯進行「辯證」，兩者容有區別。但原文畢竟提到了李宗盛的「辯證」。如果D項不適當的理由在此，這等於在考學生「辯證」與「邏輯辯證」的不同——考這個要幹嘛？文學語言裡使用「辯證」這個詞，往往模糊了原來詞語的精確性，經由類比形成混同的效果。若要求考生區別兩者的不同，了解「邏輯辯證」這個詞的精確定義，這是我們要測量的標的（鑑別點）嗎？

如上，命題者設計選項時，對於原文的概括並不精當，對於美感和認知的基本差異未能區辨，想要鑑別學生的閱讀理解，但設計誘答時卻未盡周延，造成鑑別點的偏移。這些情況出在考題裡，對語感敏銳的考生來說，會造成判斷的障礙，影響鑑別的準確度。

這都是命題上的缺點，為了考生權益，自應檢討改進。但整件事裡，最該思考的問題還是：命題者的任務是什麼？

樂評的原作者發文，質疑命題者：「這樣的考試方式，是不是能引起同學的興趣，稍稍接近羅大佑和李宗盛的作品？是不是能讓同學對那個時代的流行音樂風格與內涵有更生動更具體的想像？」

我想，這個念想過度「美好」了。這一場考試，擔負的是鑑別的任務，若能鑑別出某種語文能力，就不算太失敗；若能鑑別出所謂素養，那就是大成功。我們應該討論的，是它能否產生這種鑑別的效果，而不是要引起考生興趣、去接近作品。這種要求，是範疇上的錯置。

在一場考試裡期待這些，也許浪漫，但並不實際。考生如果讀了原作者的文章，能夠產生這個效果，那是原作者的功力深厚，而非考題。如果要求在題目的設計中達到這種效果，那就太奢望、太苛求了。

用考試引發興趣，當個夢想可以，但絕不適合作為題目好壞的衡量標準。就題論題，我們應該要有更清楚的問題意識，知道我們到底要鑑別什麼、怎樣鑑別，在更關鍵的地方聚焦，這樣的討論才會更有效。

（本文經刪減後，曾登載於聯合報 2019.1.28 民意論壇）

模擬考命題「我選擇化作」評析

模擬考的題目，似乎時常和命題老師的品味偏好有關，但還是要多留心。考卷裡用了許多張曉風的文章命題，最後的作文題目也是用她的文章——

行經日本的寺廟，每每總會看到一棵小樹，遠看不真切，竟以為小樹開滿了白花。走近看，才知道是素色紙籤，被人打了個結繫在樹枝上的。

有人來向我解釋，說，因為抽到的籤不夠好，所以不想帶回家去，姑且留在樹上吧！

於是，每經一廟，我總專程停下來，凝神看那矮小披離的奇樹，高寒地帶的松杉以冰雪敷其綠顏，溫帶的花樹雲蒸霞蔚一副迷死人不償命的意味，熱帶的果樹垂實累累，聖誕樹下則有祝福與禮物萬千——然而世上竟有這樣一株樹，獨獨為別人承受他自己不欲承受的命運。

空廊上傳來搥鼓的聲音和擊掌的聲音，黃昏掩至，虔誠禮拜的人果然求得他所祈望的福祿嗎？這世上抽得上上籤的能有幾人呢？而我，如果容我選擇，我不要做「有求」的凡胎，我不要做「必應」的神明，鐘鳴鼓應不必是我，繚繞花香不須是我，我只願自己是那株小樹，站在局外，容許別人在我的肩上卸下一顆悲傷和慌惴的心。容許他們當不祥的預言，打一個結，籤在我的腕上，由我承當。

出題老師說：「上文中，一株小樹被不祥預言結滿枝條，為人們承受不欲承受的命運。小樹若能言語，會想說些什麼呢？作者選擇化為一株寺廟旁的小樹，原因為何？若你也能化身為另一種屬性形體的存在，你會選擇化身為什麼呢？請以『我選擇化作』為題，作文一篇。」

其實，張曉風所看到的不是寺廟，而是神社。神社是日本傳統神道的祭祀場所，寺廟則屬於佛教，差別很大。

至於她所看到的素色紙籤，也並不都是「不夠好」的籤，好壞都有。在神社抽到好籤、壞籤，其實都可以綁在樹上，只不過綁的是不同的樹。好籤綁在松樹上，因為松樹的日文是まつ（Matsu），發音同於「待つ」（等待），表示等待好運到來。壞籤綁在杉樹上，因為杉樹的日文是すぎ（Sugi）發音同於過ぎ（過去），表示壞運快點過去。

不懂日本寺廟和神社的不同，或不知道松樹和杉樹分別承載不同的預言，那是「知識」的限制，不知道沒有關係，我們不一定都了解日本傳統，但是，「思維」還是要力求深刻。

杉樹承擔不祥的預言，那並不是它的選擇，是人們強加其上的結果。它為別人承受不欲承受的命運？不，那只是人們的一廂情願而已。就算它有知覺，也不是它選擇的結果。非要把一種無可奈何的結果，想像成偉大高尚的情操，就算我們反感，那也是作者的自由。但無論教學或命題，我們都應該力求避免耽於濫情，考試是教育的一環，應該更仔細、更深刻些。

文章的後面說，她容許人們把不祥的預言「打一個結，都繫在我的腕上，由我承當」。乍看之下非常偉大，但在教學上，我們應該要帶學生做更深切的反思，不能到此為止。

承當什麼？我們真能承當得起嗎？世界上有這麼多可怕的災難痛苦，哪一件我們敢替別人承擔？不要說家破人亡，光是病痛纏身，就足以讓我們落荒而逃，還想承當什麼？如果明明承當不起，也不可能承當，而偏偏說著要承當的漂亮話，這就不妥當了。

接著命題老師叫學生「我選擇化作」，化作什麼呢？你能化作什麼呢？那是能選擇的嗎？她們已經高三了，還在小學國語課練習想像力嗎？

以遠離現實的想像為基調，以不可能落實的承擔為引言，叫學生「選擇化作」，那就幾乎擺明了，是要學生跟著寫出一番犧牲奉獻、捨己為人的八股文章了。

犧牲奉獻當然是偉大的情操，但它在「我選擇化作」的這種脈絡裡，一開始就是無法落實的虛妄，從這裡出發的文章，怎能有動人的真情？

有時候偶一不慎，讓學生寫這種文章就成了一種暗示，暗示著她們可以自欺欺人，用虛矯的手段來博取肯定，欺騙越狠的，分數越高。

果然，真的就有學生寫：她要化作「廚餘桶」。

大同事們改卷子時，覺得又好氣又好笑，說我們下次再辦餐會，記得找這個學生下來辦公室。大家聽了都哈哈大笑，我聽了卻氣不過，忍不住說：「那學生要是說她選擇化作馬桶，我們不就要給她滿分？」

大家哈哈一笑，並沒當回事，繼續埋頭閱卷。但過了不久，真的就有同事大喊：「哇！真的有學生說要當馬桶！」

我們相顧愕然。

果然。上有好者，下必甚焉。當我們出這種題目時，會把學生誘導到什麼地步？

為了我們的下一代，我們應該要更謹慎一些，小心控制自己的偏好。如或不然，那就不夠尊重自己的專業，也不夠尊重我們的下一代。

段考題「一句詩的感悟」評析

為了配合大考方向，學校的段考開始出「國語文寫作測驗」的題目了。高三的段考，引用了蔣勳的一篇文章：〈滅燭憐光滿〉。因為他說：「最好的詩句，也許不是當下的理解，而是要在漫長的一生中去印證。」所以命題老師要求：

以「一句詩的感悟」或「一句詞的感悟」為題，作文一篇，內容須符合下列要求：

（一）闡述蔣勳從「滅燭憐光滿」一句中，對應其生命經驗中，印證了什麼道理？

（二）在妳學過的古典詩句或詞句中，曾有什麼令妳印象深刻詩詞的句子常駐心中？請擇取一則古典詩句或詞句（一句以上，無須引述整首），說明妳在何種情況下感知並印證了詩詞中的意境？寫下妳的感受和想法。

第一小題，要學生「闡述蔣勳從這一句對應到生命經驗，印證了什麼道理。」尋繹主題，通過分析、辯證，深化文本的理解，這是語文學習很重要的基本功。就這個意義來說，這個題型很好，可以見出高三老師的用心嘗試，值得肯定喝采。只是，引用的是蔣勳的文章，實在有點冒險。

蔣勳的文章多以華美為事，處處有邏輯跳躍的間隙，並不嚴謹。有小朋友前來提問，為了釋疑解惑，我姑且這麼回答，權作參考：

張九齡的〈望月懷遠〉寫到月光，本來是在寫相思，寫明月升起時的一種觸動。明月首先喚起了相思，月生海上，光被四表，這個情境讓人想起：「兩人可以共看明月，異地同心，真好。」只是關山遠隔，天長路遠，這份思念不免痛苦，情人遙夜，竟夕相思，更是難熬的折磨。

不過，眼前無邊無際的月光，終又引生了另一種感悟：此際明月，既然彌天蓋地，那麼，雖在天涯，這長空皓月還是可以與你共享，畢竟欣悅可喜。於是，明月成了情感的寄託和慰藉。最後，詩人長吟自解，聊作慰勉：這月光雖然不堪盈手相贈，我們卻可以同此月華，在灑滿一地的月光裡入夢歡聚。所以，原詩意象豐滿，層次綿密，無論如何，他的月光意象都是扣在「懷遠」（也就是相思）裡的。

但到了蔣勳的文章裡，他一下就把這個月光的意涵瞬間擴大，變成「生命的真相」（野心還真大），突然就變成「看到了自己的一生」，所以，在他的脈絡裡，月光就像生命，「剛剛看到時確定在那裡，卻一瞬間不見了，消逝無蹤。」

當然，生命的存在，確實是充盈飽滿，而又變滅不定的，要從這裡來談生命哲學，自然也可以談出一點東西，但和原詩的語境、主題都已經脫離了。人家是在「望月懷遠」，就是深切地抒情，你非得要搞個「大道理」出來，到底是怎樣？還「生命的真相」咧，月光的豐富飽滿為什麼是「生命的真相」？為什麼這樣就是「看到了自己」？到底是看到了自己的什麼？可以解釋一下嗎？

在蔣勳文章有限的維度裡，恐怕都不暇企及，或無能為力。

「光滿」的意象，在他後半部的詮釋裡，應該是豐美滋潤的，他說：

燭光一滅，月光頃刻洶湧進來，像千絲萬縷的瀑布，像大海的波濤，像千山萬壑裡四散的雲嵐，澎湃而來，流洩在宇宙每一處空隙。

『啊──』詩人驚嘆了：『原來月光如此豐富飽滿──』

但在前半篇的詮釋裡，卻又是生命無常的感喟：

詩人忽然像是看到了自己的一生，從生成到幻滅，從滿樹繁花，如錦如繡，到剎那間一片空寂，靜止如死。剎那剎那的光的閃爍變滅，剛剛看到，確定在那裡，卻一瞬間不見了，無影無蹤，如此真實，消逝時，卻連夢過的痕跡也沒有，看不到，捉摸不到，無處追尋。

前後很明顯地互相扞格。

這兩者不是不能一起出現，但必須妥為綰合，適度組織，以集中呈現主題，否則自相衝突，無法聚焦。你到底是要講「豐富飽滿」，還是要講「生滅無常」？這樣兜在一起，會不會太錯亂？蔣勳的文章比較唯美，時常渲染感動，以此為足，也以此為限，所以這樣的內在衝突，他或許並不在意。不過，他所「印證的道理」，其實非常模糊。

考試如果非要這樣考，真要我們來替他「補破網」，單抽這一句詩來「對應生命經驗」，看看能

「印證了什麼道理」，那麼，我只好做一點創造性詮釋，姑且勉強替他說說看：

第一種，對「月光飽滿」用力讚嘆：

「燭火是生命流轉中的瑣碎光影，月光則象徵著生命本質的豐富飽滿，在滅燭的那一剎那，傾洩而來的滿室月光，令人心神激盪，若有所悟。

視域的局限解消了，無垠的月光才得以在眼前充分展開。月光瀰漫，洶湧澎湃，就像生命的繁華飽滿，多變燦爛。而這樣的實相，只有燭火熄滅的那一剎那，才得以瞥見。」

第二種，對「光的閃爍變滅」用力領悟：

「眼前的月光，剎那生滅，消失無痕。光影生滅不定，確實是捉摸不到，無處追尋。但在月光如水傾洩而來的那一剎那，月華盈滿，毫無虧缺，時空的分別相在這樣的觀照裡悄然泯滅，所有的拘執和殘念也都於焉消融。在這樣的時刻，此心契入永恆，更無餘憾。」

遺憾的是，蔣勳根本沒這麼說。以他的寫作習慣，他究竟想說什麼，說了什麼，恐怕都不免迷離恍惚，似有若無。這就是引用他文章的危險性。

寫文章是不容易的事情，感性和理性兼顧，本來就有難處，自然不能過度求全。既然遇到了，我們只好強作解人，在考卷裡，替他詮釋一下，暫且當作是一場思辨和理解的練習吧。

段考題「人工智慧來了」評析

為了及早適應大考新題型「國語文寫作能力測驗」，這次高二的段考也試加模擬，並且單獨施測。題目引的是李開復的「人工智慧來了」，讓同學閱讀文章後，說明：「在人工智慧崛起的時代，面對新情勢，要如何應對、超越，並就作者的見解加以評論。」

下筆之前，我建議同學先想一下：「李開復這整篇文章裡所關注、聚焦的核心問題是什麼？」是「人工智慧來了，我們要如何應對」。所以寫這篇作文的時候，是在已經有了「問題感」的前提下進行，那就不必再去重複那個問題感，甚至把它當作主題；也不用花力氣表達對這個現象的好惡，因為它已經來了，無可迴避。我們所要做的是——思考「李開復所做的分析和建議，究竟對不對」。如果他說得對，是為什麼對？在哪些方面對？如果不對？可能會有的問題是什麼？我們要做的事情，就是把這些問題大概想一遍。

有些同學大概看到問題三的引導，「論述自己如何看待人工智慧帶來的便利與威脅」，所以不知不覺又把問題層次退到比較淺的地方，用很多篇幅談「不能只害怕威脅，還要利用它的便利」。這樣的正向思考，當然不能說不對，但是這些話原文中都已經談過了，我們要做的是再往前一步，所謂「如何看待」是要我們說得更深入，表現出我們自己的理解，不能只是將原文複述而已。

那我們可以怎麼深入呢？譬如說，「人工智慧取代現有的許多工作，大勢既然無可避免，面對這種局勢，人類的優勢是什麼，我們真正可以做的是什麼？」這會是比較有力量的思路。

同學因為想不到可以做什麼，所以有些同學說，「這是我們每個人都應該思考的」，這樣說其實和沒有說差不多，沒有效益。

也有人說，「所以我們要更努力」，這也等於沒有說，這種說法會比較空泛，因為要努力什麼、往哪個方向努力才是真正的問題。

也有人說，「這樣真的是好的嗎？」問題不是好不好，好不好咱們實在管不到，它已經發生了，而且趨勢會是變本加厲，思考「我們應該怎麼應對」比較重要。

還有人說，「不用擔心，世界只會越來越好。」樂觀自然是好的，但世界即使會變好，還是要思考一下我們能做什麼，這是這篇文章不能迴避的問題。

另外，對於文章裡所提到的「愛」，有些同學理解為感知，有些同學理解為情緒，或者有些同學只把原文中下棋輸贏的反應複述了一遍，這樣談恐怕都不能算是對「愛」的充分詮釋。

我在這裡給出幾個思考的方向，給同學做參考。

人類生活的基本對待，無非是「供給」和「需求」，這個社會的「需求」在改變，我們能提出的「供給」就一定要對應著它來產出。不論是勞力的需求、降低成本的需求、精確運算的需求，都是時勢所趨，我們無可迴避，必須回應。

「人工智慧」產品的出現正是這個時代應運而生的結果，市場需求的力量會決定這個世界的發展樣貌，這種情況下，不論是訴諸感性呼籲或是道德批判，都是徒勞無功的。

所以我們應該做的事情，不是在問題的外圈表達個人的好惡，而是直接進入問題的內核，討論「應該怎麼做」，也就是針對李開復這篇文章所分析的三個應對方向來思考，看看他說的對不對。

如果覺得他說得不對，就說明為什麼不對。如果覺得對，那麼，就你的理解來對它加以詮釋、闡述。能夠這樣寫，就算很紮實了。

從根源上來說，人工智慧所憑藉的，都是現有的「數據資產」，然後在它所收集的大數據裡面進行精密的分析和運算，換句話說，是在「有」的現象裡進行統合計算。

而文中所謂的創新、研發或者是感性自由的創造，則是從「無」到「有」，那是建立在人性獨具的特質上，也就是創造性，也有人從「感性能力」這個角度來詮釋。

十年前，**Daniel H. Pink** 所寫的《未來在等待的人才》書中就已提出，資訊時代即將過去，未來將迎向感性時代，「感性能力」的具體內容，包括「高感度」（**High Concept**）和「高體會」（**High Touch**）兩個方面。

資訊時代重視的是邏輯、循序性與理性分析，但這些能力逐漸被運算機器所取代以後，未來的時代更需要的是創新、同理心，與整合力，能觀察趨勢、為事物賦予意義的「高感度」能力。

而所謂「高體會」則是能體察他人情感，熟悉人與人微妙互動、能建立穩固的關係，為自己與他人尋找喜樂，而不只是完成任務，在俗務間發掘意義，發掘比物質更深層的渴望，譬如：生命的目的、性靈的滿足。

從這個角度去理解創新，那麼所有的研發都不只是單一技術的發明，而是根據對人性的體察，去創造更新、更美好的生活可能。

從這個角度去理解感性的自由創造，就不只是文筆、畫筆的揮灑而已，而且是通過藝術和文化的媒介，為人類尋求、開發更深層的幸福感受。

從這個角度去理解愛，那就不只是贏棋的快感和慾望，而是回到人類生存的原初本質，引領人工智慧的發展方向，讓所有冷冰冰的機器人去融入和促成一個更溫暖的世界。

其實，我對作者的見解，有一個地方不太認同：我們和人工智慧最大的差別，與其說是「愛」，不如說是不確定性、不可預測。

人類的愛，一說就容易落空，更遺憾的是：當現實世界中生起愛的時刻，恨與冷漠也時常緊躡在後、伺機取代，所謂的「愛」時常翻覆不定，它的存在，本身就有高度的不確定性。

但人工智慧對人的照顧，卻是真實具體、使命必達的，只要按程序來操作，所有的使用者都能確實受用，對那些久病臥床的老人來說，這種穩定的照顧，有時可能比落空的親人之愛更為實在。

所以，較之人工智慧，人類更鮮明的特質，其實是「不確定性」。

文中所提到的研發創新、感性創造，包括所謂的「愛」，其實都是源自這個充滿不確定的、不可預測的天賦性海，各種吉凶禍福，都藏在其中。正是這個特質，使人類和人工智慧區別開來。

人工智慧的運作，效率高、品質好、精確度十足，但它從一出現，就是建立在統一控制的運算規則裡，不出意外正是它的天職。

人類則不然，他永遠都有滑出軌道的可能。往往正是那些滑出軌道的意外發想，創造了人類生活的新樣貌，體現了生存的多元價值，也證明了人類自身獨一無二的存在意義。所謂的「人工智慧」，也只不過是這個意外發想的結果之一而已。

所以，人類的不可預測，正是他天賦獨具的優勢。

迎向人工智慧的新世代，威脅是不可避免的，便利也無庸置疑，想要化解它的威脅、善用它的便利，最好的方法，就是回到人類最根源的天性之海，去尋找可能的答案。

人類本質上的不確定性和無可預測，同時也意味著不受限制、無限可能，這個宇宙有多大，人類的潛在可能就有多深。

其實，人類的創造物不可勝數，利弊互見的現象，何止於「人工智慧」？各種毀滅性的武器，也都是人類一手創造，如今軍事大國騎虎難下，也被迫尋求恐怖平衡，要在瀕臨自相毀滅的邊緣中尋找生機。

如果不在人之所以為人的根源本質裡找出答案，人們很快就會被自己創造的東西所宰制、壓迫，終於失去自己、自我毀滅。

這樣的悲劇和危機，正等待人類用不可預測、不受限制的天賦來化解。

作文引導——關於孤獨

看完了紀弦所寫的〈狼之獨步〉，讓我們碰觸了「孤獨」這個主題。

事實上，孤獨是一個永恆的課題，它有時是悲傷的，有時是快樂的，有時是必須的功課，有時卻是一場災難，有時被認為是存在的基本狀態，有時甚至被認為是大事業大學問的起步。

104學測的作文題目是「獨享」，難住了很多人，就是因為關於孤獨這件事，平常少於思考，但它卻是一個平常又真切的題目，每個人都會碰到它。

關於這個主題，建議大家進行兩重思考的練習。一是發散的，二是收斂的。

所謂發散的，就是打開思路，先想想看，跟孤獨有關的，能引發感受的有哪些線索、哪些面向。第二重是收斂的，就是不管你發散了什麼，請你試著練習在結論的地方把它收攏在一起，完成你的表態，也就是你對這件事情主要的認知和看法。

我來說說怎麼發散。比如說，把孤獨的美好、孤獨的痛苦兩個方面都拿出來想。你看王維的〈終南別業〉：「**中歲頗好道，晚家南山陲。興來每獨往，勝事空自知。行到水窮處，坐看雲起時。偶然值林叟，談笑無還期。**」其中那兩句「興來每獨往，勝事空自知」，是不是孤獨時所見的快樂？如果要寫學測題目的「獨享」，這可能是個材料。

那孤獨的痛苦呢？同樣是王維，十七歲時，他的〈九月九日憶山東兄弟〉說：「獨在異鄉為異客，每逢佳節倍思親。遙知兄弟登高處，遍插茱萸少一人。」這裡的孤獨，是充滿著思念的寂寥。等到孟浩然〈宿桐廬江寄廣陵舊遊〉，那就悲傷了：「山暝聞猿愁，滄江急夜流。風鳴兩岸葉，月照一孤舟。建德非吾土，維揚憶舊遊。還將兩行淚，遙寄海西頭。」沒有人懂他，那孤獨很苦的。他的作品裡總是情不自禁的流露這些感傷。

孤獨又可能是必要的，因為那是自我面對的必要過程。《中庸》：「所謂誠其意者，毋自欺也。如惡惡臭，如好好色，此之謂自謙。故君子必慎其獨也。」如果總是只能活在人我應接裏頭，沒有獨自面對自我，人就不可能真的認識自己。那麼，「慎獨」又成為必要的大功課了。

有時我們總在眾多的人我應接裡，不斷尋找新的自己，甚至，老是活在別人的認知和期待裡。王國維引用了晏殊《蝶戀花》：「昨夜西風凋碧樹，獨上高樓，望盡天涯路。」他說，那是成大事業大學問者的第一境。在望盡天涯路的時候，先得好好地面對自己，先回到自己身上，在「獨上高樓」的那一刹那，面對的是自己，生命之旅才得以真正的啟程。

孤獨是一種處境，逼使我們好好檢驗自己。自我面對，會帶來真正的力量，紀弦那首〈狼之獨步〉寫孤獨，也寫那種自信無畏，自信無畏從哪裡來？真誠的自我面對。越徹底、越深沉，就越有力量，看看孟子說的：「自反而縮，雖千萬人吾往矣。」甚至是魯迅說的：「橫眉冷對千夫指，俯首甘為孺子牛。」那可不是一時衝動的血氣，是因為真的明白，所以才能變得堅強。這個時候，我們就會發現，其實孤獨是一場人生重要的功課。

孤獨有時是一種擺脫，把各種對待所帶來的執著陷溺通通擺脫了，如莊子所說：「獨與天地精神往來，而不敖倪於萬物，不譴是非，以與世俗處。」所有的對立都被取消了，精神達於絕對的自由之境，這種境界之高，簡直是不可想像的，我輩俗人，大概只能仰望了。

孤獨有時也近乎一場災難，會把自己帶上絕路。

金庸小說裡有個角色叫做獨孤求敗，說他「縱橫江湖三十餘載，殺盡仇寇，敗盡英雄，天下更無抗手，無可奈何，惟隱居深谷，以鵰為友。嗚呼，生平求一敵手而不可得，誠寂寥難堪也。」天下第一的感覺，或許太令人神往了，以致大家都忽略了他的「寂寥難堪」。他的求敗，其實是在求一敵手，求個可以和他對話的人，可惜沒有。這樣的境地，還值得追求嗎？

如果我們執意渲染孤獨中的淒美，陷溺在孤獨中的困境，在斗室裡自憐自傷，有時也近乎自我封閉，甚或自我毀棄。

蘇軾在政治鬥爭中嘗盡了苦頭，雖然也說過「小舟從此逝，江海寄餘生」這樣的話，但正如陳列所說，人間才是根本的用情處，蘇軾在另一闋詞裡也說：「我欲乘風歸去，唯恐瓊樓玉宇，高處不勝寒。」孤獨，即或淒美高絕，也不值得耽溺。

但無論如何，孤獨可以只是處境，而不必是情緒，更不必低落。作家林良的《小太陽》說：「孤獨是自由，寂寞是寧靜。」他善待了孤獨的處境，甚至把它當成一種美好的處境，連寂寞的難堪都被消解了。他在孤獨裡，能夠充分享受其中的樂趣。

好了，以上我們做的，就是一場發散的練習。接下來，要請大家檢視一下自己的生活經驗和感受了。別人說的，再好也是別人的，接下來要說說你的。你曾經（或現在）孤獨嗎？在你的經驗哩，你對孤獨的感受、認識或理解會是什麼？你怎麼看待這件事情呢？請你也練習一下收斂思維，把你想到的東西整理整理，無論你想到多少不一樣的層次，最後一定要收攝在一個主題裡，來表達你的態度、認知和體驗。

請同學以「孤獨」為主題，試著融合自己的生命體驗，展開自己的思考，寫成一篇完整的文章，題目可以是「孤獨」、「關於孤獨的N種思考」、「孤獨的辯證式」，或者，可以自己想一個你更喜歡的題目，不要離開「孤獨」這個主題就好。

作文示例——「理想的房間」

這次北模（北區第一次模擬考）的作文，考了一個題目，讓大家寫寫「理想的房間」。完整的題目是這樣的——

甲、

紫鵑早打起湘簾，賈母等進來坐下。林黛玉親自用小茶盤捧了一蓋碗茶來奉與賈母。王夫人道：「我們不吃茶，姑娘不用倒了。」林黛玉聽說，便命丫頭自己窗下常坐的一張椅子挪到下首，請王夫人坐了。劉姥姥因見窗下案上設著筆，又見書架上磊著滿滿的書，劉姥姥道：「這必定是哪位哥兒的書房了。」賈母笑指黛玉道：「這是我這外孫女兒的屋子。」劉姥姥留神打量了黛玉一番，方笑道：「這哪像個小姐的繡房，竟比那上等的書房還好。」（節錄自曹雪芹《紅樓夢》第四十回）

乙、

「約為三坪的方正空間裡，一張雙人床，床的一側沿牆接連接著的是衣櫃矮櫃和冰箱，矮櫃上放置了小電視熱水瓶幾個杯盤食器以及一臺徠卡相機；另一側是對開的毛玻璃窗，窗邊掛一個電子鐘，窗下是我每次來的時候我們慣常坐下來隨便聊天的兩張小沙發椅。……我常覺得，他後來變得蜷縮起來了的破碎的一生，似乎已完全封存在他所珍視的那相機冷硬的金屬體裡。他從不讓任何人再去碰觸這臺相機。（節錄自陳列《躊躇之歌．藏身》）

甲、乙二文分別述及林黛玉的房間，以及作家陳列獄友的房間。正如引文所示，「房間」不僅承載主人個人的性格或生命史，在他人進入主人房間時，也能透過開放與展示，展現人我互動的方式，提供另一種觀照與理解的可能。

對你而言，屬於自己的理想房間中，應該收藏、擺放著什麼？你想像或期待如何透過房間展現自我，並藉之與他人交流互動？請從自身的所見所聞出發，結合自身生命經驗與想像力，以「理想的房間」為題，書寫一篇文章。文長不限。（占25分）

這個題目看起來一點也不難，「理想的房間」嘛！但要寫得好，還真不容易。我卷子改到後來，簡直覺得頭暈腦熱。也許，大家真把這題目看得太容易了。每個人總會做一點夢想，這又什麼難的？但這裏面真有幾個問題可以想想。

我們在這篇文章裡，把自己理想中的房間說完了，那又怎麼樣？做白日夢？還是要模仿聖賢君子的口氣，高談「一簞食，一瓢飲，在陋巷，人不堪其憂；回也不改其樂」？或者學學劉禹錫，硬是要說「山不在高，有仙則名；水不在深，有龍則靈。斯是陋室，惟吾德馨」，一個勁兒猛往自己臉上貼金？真這樣寫，恐怕就成了矯情大賽了。如果不是，那麼，紅樓夢這段，或者是陳列這段，又如何能引發學生們的共鳴或連結，使她們有話想說？

於是我寫了一篇文字，給同學當作參考。

這文章絕對不是「示範」。一是，當了老師就自以為可以「示範」嗎？這太厚臉皮了。二是，這文章真的太長，考試時間有限，根本寫不了這麼長，怎麼能算示範？三是，這文章裏頭有一半以上都是成年以後的遭遇，又怎麼能當作高中生的示範？

不是示範，那給學生看做啥？一是講講故事，分享生命感受。二是也希望她們像這樣，用講故事的心情來寫文章，不要生搬硬套。三是這些材料至少離他們近一點，比紅樓夢近，也比陳列近。離她們的生活稍微近一點，也許更容易觸發一點什麼，讓她們有話想說。只要她們有話想說，後面就容易了。

「理想的房間」試作

俗話說：「金窩銀窩，不如自己的狗窩。」自己的窩裡，有自己最熟悉、最溫暖的味道，確實是各有所好、無可取代。那個親切的窩，自然就是每個人自己的房間了。

不過，什麼樣的房間才是最理想的房間？對我來說，這答案卻是隨著成長腳步，不斷變化的。

在我升上高中以前，一直沒有自己的房間，甚至也沒有自己的床，四個兄弟擠在一個小屋子裡，輪流趴在媽媽的裁縫桌上寫功課。

那個時候，我唯一的夢想，就是擁有自己的空間。「獨立而隱私的空間」這個夢想大於一切，至於裡面是什麼樣子，都無所謂。

等到升上高中，我就有了自己的房間。剛開始，確實欣喜若狂，覺得有了一方獨立世界，簡直如夢似幻。但我很快就發現，我在這個房間裡待得並不安穩。

因為四兄弟各要一間房，空間就切割得非常零碎，在小小的房間裡總會有逼仄的憋悶。格局的規劃也因此受限——睡覺時，我的床尾就對著門口；讀書時，背後也向著門口。這兩點都是風水大忌，所有的干擾都會放大，可說是環境學的基本知識。除非將門鎖緊，否則做什麼都不安心。

那時我的心裡想，要是我有大一點的房間，格局方正，那就是我最理想的房間了，更無他求。

後來祖父母去世，經過整併，房間終於變大了。有了大床、大房間，即使空間並不那麼方正，也該滿足了，但不知為什麼，竟然還是不太踏實。

我發現，是因為我的東西太多太亂了，尤其是書。

我喜歡看書、買書，我的藏書超過其他兄弟的總和，但我沒有地方可將它們分類庋藏、放入整齊的空間裡。再加上那一大堆CD、光碟、電腦用品和許多雜物，我既不善於收拾，又熱衷於囤書，於是房間裡總是雜亂。

於是，那曾令我滿足的空間，漸漸又褪去了魅力和光環。

經過反覆思量，我終於決定「訂做書櫃」。我花費巨資，請人在房間裡做了三面的落地書牆，那些畸零的空間也都櫃子拉直補正。完工以後，東西一收，櫃門一拉，簡直就是人間淨土，真是躊躇滿志，快慰無比。

我在那裡讀書、寫文章、聽音樂，甚至待客，讓朋友進來喝茶。有頗長一段時間，我覺得這裡已是我最理想的房間了，別無他求。

我在這段時間結婚，妻帶了她的家當，和我一起擠進這個房間。

兩人擠進一間房，空間瞬間就變小了，但還算過得去。只是一個家裡住了十幾口人，又連年發生許多令人煩惱的事情，妻雖不曾抱怨，我卻頗覺不安。兩年之後，我開始意識到：我似乎應該完全獨立出去，找一間自己的房子，過自己的生活。

所謂成家，不只是結婚，如果可能，還包括生活空間的完全獨立自主。那會帶來某種自由，當然，也會有無可迴避的承擔。

於是，我掏空了所有存款，又咬牙貸了九百萬，找了一個不到二十坪的小房子，搬出來住。

幸運的是，房子雖小，除了主臥之外，還有一個「書房」可供運用。一直要到這個時候，對於「什麼是理想的房間」，我才開始有了認真的面對和思考。

房間，其實是人生圖像的投影，自己想過什麼樣的生活，寄託在什麼樣的信仰，多少總會在房間的模樣裡顯現出來。

我的心裡一直浮起莊子說的「虛室生白，吉祥止止」。他說得對，屋子要有一點空闊感，才能容得下光亮，讓光影在這裡迴旋。

就在此時，我發現自己對「藏書」的執著已經消失了。當年拼命囤書、裝櫃的心理，不知何往。我清楚地意識到，我更需要的是「空間」，是開闊的自由感，而不是書。

在資訊爆炸的時代，許多材料網路一查就有，有些書固然值得珍藏，但也有些書已經可被電子化的資訊取代，許多紙本書籍的迫切性和必要性都開始降低。

到了一定年紀之後，我對空間的感覺越來越敏銳，對物品的依戀卻日漸降低。我發現，我能擁有的空間已經非常狹小，拿這僅有的空間來囤積東西，顯得非常奢侈。尤其在台北寸土寸金的蝸居，若能掙得一點空間，寧可拿來呼吸，拿來靜靜地徜徉，而絕不是買屋囤物，即使是我最眷戀的「書」。

更重要的是，我的生命已走入下半場，這個年紀唯一在乎的，是讀了書能不能用，能不能化到生命裡去。如果只是放著虛榮，就算如歸有光說的「藉書滿架」，究竟有何用處？

為了擁有那麼一點開闊感，書本的數量控管勢在必行，只要是能被取代的書，都成了「斷捨離」的對象。

當然，許多書實在捨不得，我的書房裡終究還是做了三面書牆，可一旦它們溢出書架、擠不下了，我就揀出次要、不常用的書，加以淘汰。

對現在的我來說，「虛室生白」、「別無長物」，才是最理想的房間。減去囤積、多納光亮，成了唯一的要求。

於是，除了避免囤積以外，這個房間還有兩面採光，其中有一面玻璃窗，甚至取代了整片的牆。好天氣時，拉開窗簾，藍天和白雲就在玻璃窗外漂浮。日落時分，夕陽的餘暉就把這個房間染成一片金黃。只要是白天，整個屋子裡全是光，亮堂堂的，就像待在室外一樣。到了夜晚，我躺在床上，就能看見夜空的雲朵，還有朦朧的月色。

那一大片透光的玻璃窗，不只是採光，也把外面空闊的世界都請了進來。屋外的小葉欖仁、馬拉巴栗，還有巷裡的老榕樹，都是俯拾即得，雖不如劉禹錫的「草色入簾青」，也相去不遠。中國庭園裡的「借景」，文學和繪畫裡說的「小中見大」、「有限中見出無限」，便時常在我心頭盤旋。

房間，是人格的投射、夢想的縮影，但也是意志的顯現、生活的反映。除了那些美好的圖像，生命的紊亂、軟弱、消沉，也會在這裡浮現。古人在屋裏弄了盤銘、座右銘、陋室銘，總之想方設法要提醒自己，把生活過成想要的樣子。我也需要一點提醒。

所以我用毛筆寫了一段話：

青梧翠竹，石室雲封丹灶暖；白雪黃芽，金鼎周流洞天春。

用噴砂玻璃做成一堵屏風，這是我屋裡唯一的裝飾，也是對自己的提醒。

那是《水滸傳》裡神行太保和李逵去尋訪公孫勝時，在羅真人的居處所見的景象，我只做了一點文字的更動。

即使未必能在雲封霧鎖之處，行所謂金鼎周流之功，但在喧囂的人境裏頭，有一方沉靜自處的洞天，得養心田一片太和，也是無盡的美好。

這裡已是我最理想的房間，別無其他了。

怎麼寫才切題——以三道題為例

這次給高三同學練習的作文，大家選的題目有三個。一個是「距離」，一個是「出發」，還有一個是「生活告訴我」。看完卷子以後，我想在這裡整理一些要點，給需要的同學做參考。

「距離」這個題目最多人選，因為它看起來似乎比較容易。但是其實它不好寫，能夠準確扣題的人，非常少。

一般人對於這個題目的第一個反應，無非是談「身體的距離」和「心理的距離」，就像我們都聽過的，「世界上最遙遠的距離不是生與死，而是我就站在你面前，你卻不知道我愛你」，這是天下名句，無人不知，對吧？按理說，這個思路本來是非常好的，它可以由淺而深，從有形到無形，可以小中見大，短中見長，淺中見深，寫出感情又講出道理，對吧？

但是，大家對這個題目恐怕還是低估了。

為什麼呢？因為例子舉了，卻發現意思說不深。很多同學在舉例子的時候，都很直接的想到「距離遠」。其中有兩種情況：一種是距離「先近後遠」；一種是這個距離近，那個距離遠。

「先近後遠」，就是：兩個好朋友本來還要好，後來因為種種原因越走越遠，所以覺得很感傷，所以「距離」很遠。另一個情況是：我和這個人形體近距離遠，我和那個人形體遠距離近。

好，講完了。選這個題目的同學，有八成以上都是這類寫法，寫完以後，接下來讀者最想要聽的是──「所以呢？」

大家的「所以」其實都差不多，你猜到了嗎？對，大家寫的都是：「所以我們要珍惜」。

看起來這個結論應該沒錯，對吧？

不。

這個結論，真的是針對「距離」而發的嗎？這個故事，真的是一個「距離」的故事嗎？其實，它只是一個跟「友情維持」有關的故事，跟「人際溝通」有關的故事，或者跟「聚散無常」有關的故事，它其實不見得真的是一個「距離」的故事。「距離」，只是這個故事中的一個現象，一個結果而已，針對「距離」這個主題，其實同學並沒有做出討論和思考，提出看法，提出主張或洞見。

比如說，這個「距離」形成的關鍵原因是什麼？它能改變嗎？如果能，會是怎麼樣的改變？「距離」這件事情的本質或意涵是什麼？我們究竟要怎麼來看待它？這樣談，才是真的在談「距離」這個主題。

我們可以發現，大家所聚焦的主題，其實是關於友情的失去，不是「距離」這件事情。大家只是對於「距離變遠」這個結果覺得感傷，決定「以後要珍惜」而已。這當然也是看法，但這個看法，焦點是在「珍惜」，在「情感的變化」，在「友情的維繫」，在「人事的無常」，不在「距離」本身，這兩者之間有很大的區別。

所以，這樣的寫法實在不算切題。

怎麼樣才算是真的切題？

有極少數的同學，真的就是在談「距離」，在討論「距離」。在剛剛那些文章裡，大家好像都喜歡「距離很近」，喜歡「沒有距離」，但有同學提出了一種主張，就是：人跟人之間，本來就會有距離，而且應該要有距離。我們所要追求的，不是「沒有距離」，也不是「拉近距離」，而是「怎麼看待距離這件事」，怎麼拿捏分寸，怎麼保持適當的距離。

他這樣的看待，就一定跟「距離」有關，他的關懷焦點，就是「距離」這件事，所以這樣寫文章，毫無疑問，非常切題。

所以，在「距離」這個題目裡，我最想要提醒同學的，就是審題要精準，主軸一定要切題。

【示例】距離

距離，其實是一個中性的詞彙，可遠可近。多情的人們，常常把它帶上了情感色彩，「彼此之間有了距離」，聽起來似乎成了悲傷的句子。

地球和太陽距離一點五億公里，夠遠了，可地球億萬年圍著它轉，日夜不息，讓陽光養活了地球上所有的生物。如果把距離拉近一半，地球上的生物，恐怕就毀了。

馬路上車水馬龍，川流不息，駕車時能夠催油門，飆速度，全靠距離。交通標語總說「保持距離，以策安全」，距離不夠時，一個失手，常常就是車毀人亡。

我時常在外面練拳，早期大家對練拳者似乎還有一丁半點的敬重，見到有人練拳，走過去會保持一點距離。這些年這種感覺沒有了，他要走哪兒就走哪兒，看我動作並不快，貼著我的身畔，在拳頭、腳尖幾公分前走過去，並不在乎是否會形成壓迫感。

有時年輕人會完全無視這裡有人，就在我身畔推打玩鬧，整個摔進我的懷裡，讓我撥開了，再輕描淡寫地說對不起。

對於距離，他們已經完全沒有概念，也不在乎。

我想到我的一位老師，他出身王侯之家，清帝遜位，皇室陵夷，母親對他的教育嚴厲已極。每日晨昏定省，必須親為父母清理夜壺，然後在母親座前背誦功課。母親經學爛熟於胸，他背誦略有不熟，即命他在太祖高皇帝靈前罰跪。

在他的記憶中，母親從來沒有抱過他。他們形體的距離，嚴峻不可逾越。

但他對母親終身孺慕，不信佛的他，沐手恭繪佛像五百幅，只為了給虔心信佛的母親帶去他的祝福。

他常說，「什麼是際？距離就是際。交際，就是拿捏人與人之間的距離。小倆口天天膩在一個屋裡，能不吵架嗎？天下唯一沒有距離的，只有母子。」

他的母親待他如此嚴酷，但他說「母子沒有距離」時，直出胸臆，藹然溫煦，令人動容。

原來，他母親在形體上保持的距離，完全不妨礙母親給他的完整的愛。他母親拉開了距離，以確保她的教育可以充分達成。她的愛，化成了無數的本事，傾入他的生命，讓他在國亡家破的流浪中，得以安身立命，活到百歲高齡。

課堂上，我們幾乎每個月都會聽到太師母的故事，話語中充滿眷戀思慕。老師似乎沒有說錯，他對母親終身孺慕，沒有距離。但連這樣的關係，居然也是在距離中完成。

以前的人說，「宦學事師，非禮不親」，又說「敬慎重正，而後親之」，禮既拉開了距離，也穩定了彼此的關係，使彼此的親近之情，相繫不墜。

正因為看重彼此，所以不敢輕易失去距離的分寸。在那份距離裡，放的都是在乎和看重。

現在的人似乎不太在乎彼此距離，可以任意縮短，也可以輕易拉長，甚至放棄。沒有了「敬慎重正」，也就沒有了真正的親近，關係更不穩定，也就更不持久。

從星球，車輛到肢體，萬物皆然，一旦失去距離的控制，都會導致傷害或毀滅。但在適當的距離裡，地球萬物可以向陽滋長，馬路車輛可以高速奔馳，人與人之間也萌生了敬重和思念。

也許，距離之遠未必疏，距離之近也未必親，念及海內知己，天涯即成比鄰。人間的真情，不在朝朝暮暮的緊密依偎，而在那份彼此的看重和分際的安頓，也就是距離的拿捏。

距離，其實不是一個悲傷的詞彙，它是一切美好情分的起點。我們舉步抬足，揮手呼吸，甚至牽引提攜，傾慕相依，都得從它開始。

其次是「出發」。

這個題目裡，大家發生的問題有點不太一樣。要切題，這個題目比「距離」容易得多，為什麼呢？因為大家一看到「出發」，大約都會想到：揮別過去，重新開始。然後就說離開舒適圈，勇於冒險，開展未來等等。對吧？然後呢？

這類題目的難處就在這裡：大家講的都差不多，沒有新意，幾乎全是大家都知道的老生常談。這種東西，通常幾句話就講完，接下來怎麼辦？同學只好用不同的方式，把已經講過的意思反覆陳說……。所以，這種題目不容易出色，不容易見好，很容易就詞窮了。

在這個地方，我想講一個觀念，就是關於「層深」。

寫文章的時候，我建議同學，盡可能地推著走，挖著走，不要繞著走。可以越推越深，越挖越深，但是絕不要反覆陳說，一樣的意思換好幾個方式重複講，越說越無味。

像「出發」這樣的主題，最好能夠沉澱沉澱，先想好「我這篇文章，能夠給人家看到什麼不一樣的事」，能夠提供怎麼樣特別的經驗，讓那些不想出發、不願出發，或者覺得出發沒什麼的人，一看，就覺得沁人心脾，覺得充滿了勇氣。如果我們沒有這樣的設想，沒有這樣的準備，至少，這樣的一篇文章要能觸動自己，讓自己想要一看再看。那麼，就得向自己的裡面挖進去。

所以，寫文章不是要告訴別人道理，是要跟自己說話。

題目如果是「出發」，咱又真的決定要認同這個出發，那就要向裡面挖，找到那個「心念轉換的關鍵處」，還原現場，找回那個勇敢的剎那，讓自己真的熱血都流動起來。這種文字，常常能讓不夠勇敢的人得到召喚，讓已經勇敢的人產生共鳴。這樣落筆，每一段都挖出一層，越挖越深，挖到自己很裡面的地方，所以叫層深。

如果這些都辦不到，我們可以想像，裡面多半只能是老生常談，難有新意。所以，在「出發」這類的題目裡，我最想要提醒同學的，就是請先想辦法感動自己。所有的道理，要讓自己想看第二遍，甚至第三遍，第四遍才行。

第三個題目是「生活告訴我們」。

這個題目最常見的現象是：大部分的同學都選取一個事件，然後在這個事件之中告訴讀者，他學會了什麼。

可是大家要留意，這個事件其實只是生活中的一部分，我們沒辦法就在這個事件的經驗裡歸結出「生活告訴我們什麼」。告訴我們的，只是這個「事件」，並不是生活本身。當然，如果要用舉一個具有代表性的單一事件當例子，並不是不可以，但是舉完例子以後，還是要扣回題目裡的「生活」，把觸角伸開，讓它不只是單一的例證。這種情況，也許可以用簡單的列舉方式：從那之後，我在這裡巴拉巴拉，在那裡巴拉巴拉，或者在這種情況那種情況巴拉巴拉，總之把那個觸角伸展到生活中的各個面向。這樣做，至少可以安全地扣住主題，說明：告訴我們的，真的是「生活」，而不是只在「一件事」裡。

另一個問題是，同學會把例子舉到別人的身上去。別人的例子其實不是不能用，但要注意，題目問的是「生活」，顯然是要以生活者，也就是自己來當主體。可同學卻舉了爸爸說的話，或者舉了同學的故事。那麼，這個時候其實是「爸爸」告訴我們，「同學的故事」告訴我們。「爸爸的話」和「同學的故事」，並不即是「我的生活」，兩者之間還是有點差別的。

所以，當題目訂為「生活告訴我們」時，「生活」這兩個字，其實需要更準確的界定。要界定生活是什麼，最簡單的方法是確認一下生活不是什麼。比如說，生活不是書本，生活不是他人的言語、他人的經驗，生活是「自己的經歷」、「自己的體驗」，由此而生發「自己的感悟」，這樣來扣題，就有把握得多了。

所以，在「生活告訴我們」這類的題目裡，我最想要提醒同學的，就是請同學留心題目的意涵，把它定位清楚。

整體看下來，我發現一件事情，就是：大多數的同學，其實文筆都還不錯，至少可以做到通順或流暢。有些同學文字相當優美，所描寫的情境也很有畫面，傳達的情味也非常動人，這些條件都說明了一件事，同學講故事的基本功其實還不錯，還是擁有相當的優勢。

明明有這樣的優勢，但是以這幾個例子來說，在大考的非選擇題中，卻很有可能遭遇到不必要的挫敗，我覺得最大的危險，就在於沉澱、凝思、歸納的工夫不足，打不到要害。

這幾年改卷子最常見的情況，主要都是審題不明。例子雖然舉了，但是講了一個好故事，卻沒有辦法把題目扣得很準。所說的道理雖然很對，但是沒有辦法命中題目的核心。

我們每個人當然都可以各自陳說，但是我們所說的道理，一定要針對題目所給的條件和線索來進行。這個部分至關重要，只要它一錯，所有的好文字就全都浪費了，所以必須要慎之又慎。

以剛剛講的例子來說，看到「距離」這樣的題目，我們在審題的時候，應該要先沉澱下來想一想，我對於這個主題是不是能有所主張，我的主張可能是什麼，可以是什麼。講故事當然是很好的，但是如果我用了十分的力氣去把故事講好，但是我講完故事以後，我沒有辦法把他引到我真正要聚集的焦點上，那些美好的文字，在這篇文章裡就全部都浪費了。

所以第一時間應該要做的事情，就是先想清楚：我在這個題目中，究竟要表達怎樣的主張、態度和看法。看到「距離」這個題目，第一個要想的，不是距離分開了好難過、好感傷，然後竭盡全力鋪陳那個難過感傷，不是這樣子。而是在「距離」這個現象裡，我感知到什麼，我沉澱過後，歸結出什麼，我在「距離」裡面領悟出什麼或主張什麼。接下來，所有的事例、情境都是為它做準備，火力集中，直搗要害。

這東西不是靠技術操作，所以套公式根本沒有用。他是靠一種習慣的累積，什麼樣的習慣呢？就是在我們的生活裡怎麼看待距離這回事，遇到距離這回事，我們究竟如何自處。能找到自處之道，就可以有所主張。下筆要聚焦處，就是在這個主題中，我的主張是什麼。這都不是靠直覺反應，隨便形容一下，鋪陳一番就能解決的。

對於作文的要求，國中和高中階段最大的不同，可能就是在這裡。國中培養基本的語文使用能力，但在高中的語文學習裡，我們還必須要有所言說，有所論述。這個言說其實被大家過度輕視，以為母語本來是極容易的東西，我只要文筆好，會形容，還怕說不好？就算遇到思辨性質的題目，也以為他不過是一套計算公式，套幾個模組就能寫好，這些模組補習班都有提供。所以在語文學習裡，對於這樣價值思辨的東西，時常下意識地自動忽略，以為：我們當然有自己的感覺，有自己的看法，這東西難道還需要別人來教嗎？這東西還需要練習嗎？每一個事件，每一個主題，我們幾乎都理所當然的以為自己「有看法」，可是真正讓我們動筆來寫成文章時，我們多半只能寫出一點感覺，要寫看法時，進不去，挖不深，說不透。如果硬要寫，就全都是陳言。

像剛剛的題目，我們能感覺到距離變遠覺得感傷；我們能感覺到出發是好事，可是真是要我們再深處挖一層，對於這樣的主題，提出怎樣深層的洞見，引出什麼真正的領悟，可能就默然了。

為什麼呢？因為我們平常不覺得那是一件重要的事。

價值上的思辨，其實是需要反覆練習的，不能夠只靠直覺。

對於某些同學來說，常會有「文章寫不長」的問題，以為這是因為這題目本來就沒什麼好說的，道理就在那裡，一兩句話就講完了。但其實不是如此的，你那一兩句話說完了以後，能夠說服或感動自己嗎？如果不能，怎麼可能說服或感動讀者？每一次的作文，其實都一場都是一場深層的自我對話，不是想辦法去經營佈局、設計章法、用字修辭，好說服那些閱卷老師，不是這樣的。那些閱卷老師都傻嗎？

以上所說，歸結起來，就是希望大家把題目想通，想通它跟生命、跟自己的關係，如此而已。這件事想通了以後，布局、章法、修辭、用字，都是小事情。這件事想不通，那些技術用得再多，都是沒有用的。

就像學測作文題，「我看歪腰郵筒」，題目的意思，是我在「歪腰郵筒」的這個社會現象中，我究竟有怎樣的主張或洞見。是我的主張洞見，不是別人，所以我平常如果對於社會現象、對於價值的思辨，沒有做過沉澱整理，沒有做過自我對話，那我一定是抓公式、套技術，這樣的作文想在大考中得高分，很難。

在高三這個階段練作文，我知道大家都有一個很實際的目的，要在大考中得高分。但就算只是要達到功利性的目的，也一定要有正確的方法，不能把力量用錯地方。把題旨想通，把主張說清楚，比什麼都重要。

那麼，練習思考，練習跟自己深度對話，練習各種情境的自處之道，練習聽清楚別人要什麼，練習給出精準的回應，還是最正確的方法。我不知道作文有沒有速成之道，但我想，真正的速成之道，還是離不開正確的方法的。

接下來，我試著再就兩個大考出現過的題目，做一個簡單的示例。

【例一】走過

走過光復南路，松山菸廠的斜對面，有一棟矗起的高樓，裡面各種店面、圖書館、視聽中心都有，那是氣派的「華視大樓」。走過大樓中間的穿堂，會有極強的過堂風撲面而來，穿過它，就能依稀走進「中華電視臺」的古老年代——那棟約莫三層樓高，在群起的高樓間已經完全被淹沒的華視舊大樓。

舊大樓的外觀仍然上著醒目的白漆，仍然頂著中國舊建築的四面飛簷。在老三台的年代，華視三分天下有其一，那棟白色的建築物十分醒目，每次有朋友問起居所，說到「我家在華視旁邊」，似乎就有一種莫名的驕傲升起，彷彿自己也成了明星，聲音又響又亮。聽眾也都識趣，幾無例外，總會響起一陣「哇！」的讚嘆。

華視的周邊巷子裡，堆滿了木造的臨時布景。那些布景現在看來也許有些失真，但對童年的我們來說，那裡簡直就是最豪奢的玩耍景點。放學時，會偶然瞥見地上放著成排的木製刀劍，上面全上著閃亮的金漆；捉迷藏時，會看到一座碧綠的大山斜倚在攝影棚外，上面還有白雲冉冉；撿球時，甚至會看到一部「龍頭鍘」從面前緩緩推過……。

除了巷子裡無盡的驚奇，走過華視的正前方，還會看到一塊正方形的大草皮，對小學生來說，那絕對是一片浩瀚的草原，是家裡的土狗、狐狸狗每天必去狂奔、馳騁，甚至繁殖之處，也是我們這些毛孩子放學後打棒球、躲避球絕佳的場所。不過，那樣奢侈的空間，就在我還來不及意識到什麼的時候，悄悄地消失了。

升國中的那一年，這片草原的地基上，一棟新建的華視大樓轟然矗起，攝影棚所需要的所有道具，已經完全被收在建築裡面，再也沒有一塊零件會流落巷弄。建築外觀上完全是後現代的風格，建材和造型都頗有星際大戰的味道，它聳立在一群陸續蓋起的高樓之間，傲視群樓，毫不示弱。大樓裡層層疊疊，亮著無數的照明燈，不知有多少辦公室在運作。大樓下的便利商店、松青超市、視聽中心、昂貴的餐廳、水燈閃爍的庭池……，則展示著便利的生活機能和高雅的時尚品味。走過大樓前面，我總被過堂風吹得睜不開眼睛，和絕大多數走過它的人一樣，行色匆匆。

走過光復南路，可以看到華視對面的松山菸廠，如今已經變成新建的「巨蛋」，並且被推入政治漩渦的中心，聚焦著全國的鎂光燈和口水。對街而立的華視大樓，此時倒顯得陳舊、尋常，在時光中累積起自己的老記憶、舊話題，像是慣看秋月春風的老漁樵，已經有了點時光的顏色。

我漸漸意識到，我的童年和記憶，就這樣一去不返。那些道具、草原的記憶，被新記憶疊上去以後，已經被重重覆蓋，慢慢失去了自己的顏色。我走過那棟大樓，有時仰頭思索，想找找以前留下來的什麼痕跡，無論如何也遍尋不著。久而久之，我幾乎都要懷疑起來，它原來真是草皮嗎？還是這其實是我一廂情願的幻想？都市裡又怎會有草原呢？我們對空間、對土地的感覺，在飛速的變化中，幾乎已經來不及記憶了。

走過的歲月，就這樣緩緩褪色，對我來說，童年的真實，如今已經虛幻得像夢境一般。那些流逝的年光、空間的記憶，只能點滴掇拾，臨文憑弔，就像是珍藏的老酒，用深刻的想念，把它嚴實封存、細細品味。

〔案〕大考題裡面，曾有個作文題叫作「走過」。大家寫起這個題目，為了弄出一點效果，多少都會有點說過頭，真實感反而不太足，所以，我試著寫寫自己真實的記憶，看能否做一點引導。

【例二】出口

電影「侏羅紀公園」裡有一句台詞，「生命會找尋出口。」電影極有創意，基因被完美控制的恐龍，居然找到了自己的出路，產生了基因突變，自由繁殖。

對人類來說，那是警語，上帝身份不可僭越；對這些受困的生命來說，卻像是激勵，電影似乎暗示：生命一定會有出口。

但在現實中，其實不然。許多生命在困頓中左衝右突，闖不出去，終於困死自己。君不見許多年輕生命聰明多情，才華洋溢，但路越走越窄，無處可出，最後了結了自己。有更多的人在長大的歲月裡挫折連連，再也沒有挑戰和創造的勇氣，慢慢變得平庸軟弱。他們越活越小，格局日漸萎縮，無法想像生命還會有新的出口。

所謂出口，並不當然出現。那些麻雀變鳳凰、醜小鴨變天鵝的故事，其實都非常稀有，所以才受到人們如此渲染、歌頌和欣慕。找不到出口，沒有新的空氣，也沒有新的視野，生命的能量慢慢就委頓消失，這其實是多數的常態，賢愚皆然，古今同嘆。

桃花源的故事裡有一段描述，「山有小口，彷彿若有光，便舍船，從口入。」那是個充滿神秘的出口，漁人從此進入了一個全然不同的世界。但那小口的出現，條件是他「忘路之遠近」，不懷機心，才有了看見小口的契機。而要進入那個世界，他甚至必須「舍船」，放下現實社會中的某些羈絆，然後才有那麼一個機會，進入全新的天地。當這些條件不再具足，出口便告關閉，再也不可復尋。

每個人的生命旅途都不同，但在迷途的歲月裡，出口常常被許多荒煙蔓草遮蔽，總要有一段撥草伐木的尋索，或者醍醐灌頂的契機，它才會出現。

出口，只為準備好的人開啟。能出得去，意味著從此別有天地，這一步跨出去，從此心境、空間都再也不同。所以那個出口，需要靈機一閃的契悟，需要轉身騰挪的勇氣，還需要放棄舊習的決心。這一昂首、一邁步，都不是尋常舉措，要把那許多枷鎖掙脫，闖出新的大路來，都必須揚棄舊貫，轉換心境。

在困頓之中，有人痛飲狂歌，有人尋山覓水，還有人投入創作，在文字的世界裡洗滌靈魂。歌哭解憂，山水忘情，而更發人深省的是創作。寫詩的周夢蝶，寫小說的歌德，都在創作裡讓生命的負累被滌盪淨盡，從此天寬地闊，舉翅騰飛，更無拘礙。那是一道轉換心境的功夫，不是廉價便利的妙藥仙丹，正是在那收視反聽，精騖八極的潛心一轉，出口才於焉開啟。

生命確實會找尋出口，但像基因突變這種大工程，沒有足夠的決心、意志和力量，只能是神話傳奇。只有在真切的沉潛反思裡，滌盪肝腸，淘洗萬慮，然後思路清明，障蔽頓消，出口才就此豁然洞開。

我很喜歡兩句詩：「唐虞揖讓三杯酒，湯武征誅一局棋。」在那樣寬闊的境界裡，一轉念間，那些愁雲慘霧、天翻地覆的苦痛，似乎變得雲淡風輕，不足介懷。讓生命找到出口的關鍵，也許不是提筆創作、放聲高歌或遊山玩水這些事情本身，而是在那乾坤挪移的一心之轉。也許，只有筆直面對自己、穿透自己的人，才能真正看見生命的出口。

〔案〕模擬考的作文，題目是「出口」，這個題目相對簡單，同學不太會有什麼了不得的錯誤，但反過來講，大家的意思都差不多，也就不容易顯得出色。命題學校給的範文，是非常典型的「中文系風格」，文辭流暢華美，修辭精巧入微，簡直無懈可擊，但說穿了只有一個意思，「我的出口是看書」。這在本質上和絕大多數的學生沒有區別，學生的出口多半是看海、踏青、打球、跑步，老師是看書，都很像萬靈丹，只要吃了就會好，其實意思差不多。

至於看書為什麼就是出口？為什麼有人看書就照樣出不去？看書真的就能出得去嗎？究竟看什麼書、怎麼看才能出得去？……這些問題，這些「很中文系」的命題老師們，不知是否想過？我想了想，決定寫一段文字給同學做參考，不是範文，主要的作用是希望刺激同學的思路，讓大家寫文章時，能往深處想，練習看到事物比較深的層面，把問題做更細膩的聚焦。

揮別「改作文」的惡夢

我本來是很不喜歡改作文的。

尤其是看到爛文章、爛文句，不知所云的文字，簡直就氣不打一處來：欸，這是什麼，也拿來給我看？

這好像有人在桌上吐了一坨東西，問人家說：「欸，你要不要吃？」一樣。自己都不吃的東西，卻丟出來叫別人吃。

我常想，如果一篇東西寫完了，自己都不想回頭看，那怎麼好意思丟出來叫我看？前兩年的大考題目「我看歪腰郵筒」，有一堆考生寫什麼陶淵明、岳飛、蘇東坡，每個都寫來如此悲壯。欸不是，到底他們把閱卷老師看成什麼，看成多麼白癡的東西，才會寫出那麼矯情、鬼扯，而自己絕不願意看第二次的東西呢？

改作文一直是國文老師的惡夢。

第一年教書的時候，坐我斜對面的數學老師說：「我老婆說：『前世殺了人，今生教國文。』」我聽了哈哈大笑。

他說，他老婆是國文老師，他是數學老師，他們倆業障都很重，所以才會當老師，但是當國文老師的業障更重，因為要「改作文」。

廿幾年過去，想到這些笑話，還是記憶猶新，忍不住莞爾。

但其實我對「改作文」的心境，早已悄悄地轉換過了，今昔的心境，確實完全不同。

我承認，改作文確實是個苦差，花時間、花腦力，而且還耗損心神和情緒。但它其實也可能不用那麼苦，有時還可以找出許多的樂子。今天來寫一點，且做個記錄。

改作文，確實吃力，但不見得一定不討好。接過老師用紅筆批註的稿紙，對很多學生來講，還是非常期待的事情，那很珍貴。最重要的是，只有改作文，我們才能手把手地幫助他們，那是她們最需要的東西。

改作文之所以那麼痛苦，原因有很多種，不過，截至目前為止，我還是有改出一點心得來，把許多過去視為苦不堪言的事情轉化了，變得有點不一樣，在這裡統整一下心得。

首先，改作文有時間壓力。改作文要寫很多字，很花時間。國文老師都很要面子，字不敢說一定好看，但總要寫得工整，覺得那是門面，於是改作文一定吃掉許多時間，這可能是最大的難關。

因為字要好看、要工整，速度就慢，寫字的速度慢，會使構思跟著變慢，假設這篇文章裡我們有三、四個意思要說，等我們把其中第一層意思寫完，第三、第四層可能已經忘了，或者模糊了，於是還要停下來重新構思，就越來越慢。

每一次停下來重新想，思緒可能不斷地被打斷和重來，尤其是可能造成時間的無限延長，既耗損心智活動的力量，也耗損改作文時的耐心。改完一篇，可能就要喝兩杯星巴克，或著去打兩場球，才能再改下一篇……。

好啦，我知道沒那麼誇張，但「雖不中，亦不遠矣」，總之，「國文老師把字寫漂亮是基本」的迷思可能要鬆動一下，我們的狀態才有機會改變。

就幫助學生這層意思來說，字好不好看其實真的沒那麼重要，重要的是必須要把腦中閃過的那些意思都先抓住，迅速記下來，那才是學生最需要的東西。

若真怕太潦草學生看不懂，沒關係，先寫上去，反正自己寫的一定看得懂，學生若看不懂來問，那時再告訴他們也來得及。（等等，如果自己的字自己都看不懂的，那我也不知怎麼辦了。）

事實上，高三學生每次來問作文的時候，我每次都要先看一下自己寫的評語，只要看過自己寫的話，我就會立刻想起她那篇文章裡的問題，於是用口頭再做更完整的補充。

我後來放棄把字寫得漂亮，而只求把所有的意思都記下來，其實是受到我的指導教授的影響。念研究所時，我交出去的學期作業，被他到處圈點、建議，滿紙都是紅字。他總體上是讚美，而且強烈建議發表在學術期刊上，但他仍然給了許多建議，每一個字卻都是龍飛鳳舞，幾乎都必須用盡全力辨認。

我後來會意過來，這是最聰明的作法，最有效率。他是所長又是系主任，每天有那麼多的行政業務，他想把書也教好，就必須折衷出最有效率的辦法，這可能是其中之一。

事實上，他在這篇學期報告裡給了非常多有用的建議，我按他的意思改過，拿去投輔大國文學報的期刊，一下就上了。對學生來說，這比什麼都實際，誰還管什麼字跡工整？

後來我就慢慢鼓起勇氣，寫得草，但是寫得多。突破心理障礙以後，改作文的心理負擔減了一大半。我的意思不是說一定要寫得潦草，若不趕時間，我也會練練正楷；有時興致勃勃，就寫寫行書；但若作業真的太多，時間太趕，又不想失去品質，我就都是草書了。

其次是寫評語時的心理狀態。

一般傳統的評語，時常都是封閉式的，什麼文從字順啦，有條不紊啦，首尾呼應啦。這些詞彙不是不能用，但不能當作主線，或者佔全部評語的篇幅。

在高中階段的作業，評語其實不宜都使用封閉性的結論，因為那對學生的幫助太小。最好的辦法是，裡面要有一些具體建議，最好像是在對她說話，而不是在對她評斷，這兩者使用的心理能量是完全不同的。

對她評斷，我就要力求圓滿，評語裡要有一個自足的系統性，把話說得很全面，說得四平八穩，那就要好好構思，耗損更多的時間。學生的作文量很大，改作文是一場跟時間奮戰的遊戲，我們把時間都放在那些無聊的地方上，不是很不值得嗎？

就因為大家以為評語應該長成那樣，所以坊間才會賣那種有評語的稿紙，讓老師方便勾選，那些話都是四平八穩、滴水不漏的話，但基本上對學生幾乎都毫無用處。

對啦，我知道自己文從字順、有條不紊啦，啊然後咧？我知道這個要幹嘛？就是爽一下而已嗎？這能讓我下次作文變得更好嗎？如果不能，我們為什麼要浪費時間，做這些誤己誤人的事情呢？

為了要突破這種僵化的思維狀態，我們需要一點勇氣，去說點「人話」。

比如說，先前我們有一位同事，他會在學生的評語裡寫：「去跑兩圈操場再回來寫。」很怪吧？這種評語，可能讓很多人一頭霧水，但這是他平常真的會對學生說的話，貨真價實，絕不打誑。

他其實是針對學生的真實狀況，作出了真實的判斷，給出了個別的建議。看起來和學生的作文無關，其實有。因為那篇作文可能無病呻吟，堆積了一大堆空話，叫她去跑跑操場，醒醒神，不要亂塞東西，那確實是針對學生的問題給評語。

這無疑需要很大的勇氣。

老師要這樣做，對自己的專業，必須要有足夠的自信和認知，課堂的講述和課後作業，能夠融貫一氣，系統性地給出真東西。當我們有對症下藥的本事，清楚了解那些藥的藥性、作用了，我們的評語就這裡面流出來，完全不用理會「標準的評語應該長什麼樣子」。

這樣的狀況下開藥，儘管那藥看起來神經兮兮的，也不打緊，只要能治病，比什麼都好。

所以我們怕的不是藥長得很怪，而是那藥沒有用。寫評語不是在做終局判定，說「病人大概什麼時候會死」。而是在開藥方，說「病人大概吃什麼可能會有用」。有了這種心理準備，寫評語的心理障礙一定會降低，會變得更自由。

第三，評語的主要根據。

現在講求的國語文寫作，要求的是寫作任務是否達成，人家問什麼，就要答什麼，該答的沒有答，內容說得再漂亮，照樣零分。

所以給評語的時候，主要是根據題目的要求，而不是根據學生已經寫出的東西來作判定。學生寫出的東西再好，不能精準回應題意，都是打水漂，沒有用。

我前一陣子偶然有感，寫了一段話：「所謂寫文章，或許是在主客之間，尋找一種平衡。」在國語文寫作的考試之中，對外在客觀線索的精準掌握，可說是基本條件。就算不是考試，文章寫出來都是要給人看的，也必須考慮讀者的理解、接納與共鳴。這是語文教育的基本，得知道在跟誰說話、說什麼、怎麼樣才有效度。不是老鼓勵學生在那邊天花亂墜，自言自語。

第四，容許自己不用老師的眼睛看文章。

所謂「老師的眼睛」，就是眼睛裡都是評斷，老想下斷語。下斷語不是不可以，但如果我們要對學生的作文都下足斷語，我們會很痛苦。

有時學生偏題厲害，有時內容好壞間雜，有時思考邏輯不通，學生會有的問題五花八門，我們若帶著給他們都下判斷的心理準備，那我們就要身兼小學老師的工作了——幫她改文句了。

這其實是一個很複雜的問題，我也說不好，但基本上我覺得「改學生的文句，才是真正吃力不討好的事情」。

因為改人家的句子，比自己寫句子還要吃力，但改完了以後，不是人家的語氣，也不是人家喜歡的用字或節奏，說不定甚至不是人家想說的意思，那還能討好嗎？最糟的是——改完了以後，你改你的，我寫我的，完全白費勁。那白忙什麼呢？

所以我覺得，基本上不改為好。不改，但是可以指出問題，譬如：「上下句接不上。」或者：「這句是不是怪怪的？」或者：「後面要有個受詞吧？」或者：「這樣句子太長。」這些話很短，好像很廢，但卻都是有效評語。

有時候，學生為了加強語氣，以偏概全，我甚至會寫：「是這樣嗎？」或「有嗎？」「真的嗎？」挑出問題，形成簡單標記，但不做封閉性的終局判斷。師生之間在作文裡進行的其實是對話，而且是開放性的對話，引出的應該是持續性的思考，而不是封閉性的終局判斷。

第五，評語這種東西，一般都是放在篇末，做一個總結，但學生更需要的，有時是在段落之中、甚至是文句之中的批註，而不是在全文結束之後的總結。

譬如，第一段她起得好，或者首段鋪陳太過，使文氣拖沓遲緩，那麼，就直接寫在第一段上面或後面。第二段承接不順、文氣斷裂，就直接標記在第二段上面。第三段事例欠缺或不妥，就直接標在第三段上面……。

這種作法，比終局性的判斷要有意義得多。這是手把手地直接教她怎麼寫，或者至少幫她發現問題，讓她進步。

最後，我想說的是，有時我們可以跳脫老師的身分，回到讀者。不是身為一個老師，拿支紅筆在那裡指指點點，而是身為一個讀者，讀了這篇文章，給予一點回饋。

如果是這樣的話，那麼，我們也許可以說出更直觀、更鮮活，更不帶職業性閉鎖症的語言，給出一點更有血肉的東西。

有時學生不知道應試作文要怎麼寫，但她確實寫出了一篇好文章，內容非常動人，見地非常獨到，或非常有力量。這些時候，作為「老師」，可以提醒她應試作文的要求可能是什麼；作為「讀者」，我們卻可以不吝於熱情讚美，給出更多回饋。這兩者心態不同，切入的方式不同，但同樣都重要。

如果我們寫評語的時候，能在這兩種身分之間自由切換，我們在感情上會自由得多，下筆時也會活潑得多。同時，當學生在嘗試各種不同的、獨特的表達方式時，她有機會在主客觀兩面都收到回響，讓她有機會知道跟自己說話和跟別人說話時，可以也應該有怎樣的不同，這是語文教育裡應該有的東西。

這些東西，都是我們應該教，而有時我們來不及在課堂上全部說清的東西。所以，我們需要通過她們的實作，在實作裡檢驗，並作出具體的回應，評語，正是我們可以具體回應的好機會。

最後，我想說的是，真的不要「太想做個好老師」。太想做個好老師，就會有很多的顧忌，非要把話說得如何似模似樣，四平八穩。然後，就更容易說出很多毫無用處的話。

如果我們容許自己不是一個「好」老師，甚至不是一個老師，我們充其量只是一個讀者，把讀到想到的東西拋出來，給寫作者一點回應，那麼，我們的心情可能會輕鬆得多，更容易說出有用的真話。

寫評語雖然還是很辛苦，花腦力、花時間，但是，如果它其實只是回應作文，而不是改作文，我們的心情也可能會愉快得多，不至於那麼痛苦。

好啦，以上其實是高三老師的苦海低吟，作為一個高三老師，面對堆積如山的作文，永遠都改不完，所以我決定自欺欺人地寫出這篇，安慰大家和自己的苦悶心靈，讓自己也讓大家更有勇氣，向前行。

那，我們都一起向前行唄。

「知性題」批改筆記

這次的國寫題（國語文寫作能力測驗），長文題目是「我看懶人包」。我看完卷子以後，把同學作答時常見的問題稍微整理一下，又做了一點建議，權做參考。

一、輕率提問：

很多同學都有個習慣，還沒有等文勢、文氣都準備好，就輕率提問，還都集中在第一段的最後一句，好像那是一個公式。比如說，很多同學喜歡一開頭就寫一個簡單的現象，接著還沒等做出一點分析，就急著問：「可是，這樣真的好嗎？」這種問法，問起來其實沒有力量。

激問法的用意，在通過反問，掀起波瀾，激起文章的張力，但當我們的敘述還沒給讀者足夠的感受，也還沒有走到一個臨界點，沒有任何蓄勢待發的感覺，隨便就問出問題來，這就好像水流還很淺，水壓還不足，卻想要翻攪一點水花，這種激問法不但沒有力量，而且會讓讀者覺得文氣盡消，不如不要用。

二、全稱命題

為了突顯自己的論點，有些同學喜歡用全稱命題，比如說：「沒有人知道……」、「大家都已經忘記……」，或者「又有誰會知道……」。這類的說法，語氣裡好像是說，全世界都沒有人注意這件事，只有我一個人注意。同時，彷彿暗示著，作為敘述者的我是無所不知、全知全能的。這種寫法，當然只是想加強語氣，但這份無心的錯誤，會暴露認知的不周延和邏輯的不緊密，反而會失去讀者的信賴感。所以，一定要避免。

三、預設立場、論點單一

很多同學一看到題目，就基本上先做了一個預設：「懶人包不好。」好像它就是壞東西，理所當然，於是整篇文章都往壞處去說。偏偏說出來的壞處又都大同小異，於是，文章的面向、論點都趨於單一，沒有層次，也沒有變化，這在審美上的效果不好，容易呆板。同時，在事實和邏輯的判斷上，也過於輕率武斷。「懶人包」要是都這麼不好，怎麼會這麼流行，而且流行不衰呢？

四、反向思考、檢驗邏輯

有些同學喜歡套用現成的邏輯，但這一套，卻顯得輕率粗疏。幾乎是出於本能的，許多同學都說：「看到懶人包，我們不能隨便相信，一定要去查證。」這個邏輯似乎用得理所當然，但是同學可能沒有細想過：我們一天的時間就那麼多，要接收或能接收的新聞，當然非常有限，我們怎麼可能一個一個去查證，又有什麼必要去一一查證呢？這樣反過來想一遍，感覺就不一樣了。

生活繁忙、訊息爆炸，這已經成了生活現實，無需抗拒也不可能抗拒。在有限的時間裡，我們對資訊的接收，本來就會有輕重緩急的區別，對於那些離生活相對較遠，沒有那麼迫切感的事件，一般人能知道一個大概，事實上就已經覺得夠了，他只要接收訊息時不輕率、不武斷，保留存疑的空間即可，對於一條沒有迫切感的訊息，他為什麼不能擁有擱置的選擇，而要一一去查證呢？所以，如果同學們換個方向想一遍，思考就會更趨周密了。

五、練習方向：濃縮重點

其實，這種知性的文章要讓老師眼睛一亮，只要做到一件事，就是：條理清楚、邏輯謹嚴，這樣就容易出色了。當然，要做到這樣也不太容易，靠的是平日的基本功。

同學不妨練習看看，能不能用簡單的一兩句話，把最重要的點講清楚，這幾句話出來之後，全文的力量得以集中在一個點，而其他的段落都在支撐它，使文氣不至於分散，更不會偏題，這樣寫容易進步。這種「一兩句話把事情講清楚」的功力，往往就是老師閱卷時鑒別、給高分的關鍵。

六、注意定義、分清條理

同學在舉例子的時候，要注意這些例子的性質和類別。比如說「三分鐘說電影」，這是屬於娛樂內容的濃縮，但一般所謂的「懶人包」，往往是指新聞事件的濃縮，兩者其實不太一樣。同學想把這些例子都放進文章裡，不是不可以，但是因為他們性質不同，在寫的時候，應該要分出條理，分開敘述，最後再就共通處加以整合，避免顯得定義模糊、含混不清。

七、對主旨的穿透力

最後，我們看一下這個題目裡面所引申的相關思考。所謂的「後事實」，或者「後真相」，到底為什麼叫做「後」？他除了「不理解」以外，還有一個很重要的點，就是「不想理解」，為什麼呢？因為理解起來太辛苦、太麻煩，耗神費力。比較舒服的方式，是跟著自己的感覺、依賴自己的感受，尋找同溫層的肯定和共鳴，用感覺、感受去取代思考和分辨。為什麼要叫做「後」事實？大家當然都知道有個東西叫做「事實」，可是我才不管別人說的事實是什麼，我只挑選我想要相信的事實來接受，這意味著我「不在乎」真相，所以才叫做「後」。

大家的文章裡面都提到了不理解事實、不了解真相，但是比較少同學注意到，文章裡面所說的「倦於」思考和「無能於」思考這件事。事實上，正是因為他覺得疲倦、懶得思考，才慢慢變得不能思考。這種微妙的心態，正是文章裡值得去深入和討論的部分，它是問題核心，是原文想要揭露的向度，這需要同學準確的洞察。

而這一種洞察的能力，正是這種知性類別文章的國寫題所要鑑別的一個要點。

「感性題」批改筆記

一早進了辦公室，有同事就對著我說：「欸，你昨天那個知性題的分析真好耶！能不能再來一篇感性題的分析？」

我其實有點尷尬，因為我非常不喜歡最近模擬考的感性題。但我發現，學生真的很在乎，即使題目出得這麼爛，學生還是想把它寫好，甚至有學生偷偷把文章拿去問實習老師。

我明白，她們心裡實在沒有把握，題目雖然不好，她們害怕著：大考會不會也出來一個這種題目？如果真的碰上了，像這樣的題目怎麼寫？

既然學生這麼想知道，我就在這裡也寫一點想法，姑作參考。

題目是「我選擇化做」。所謂「化做」，當然不可能，只是想像，這就像某一年的大考出過一個題目，叫做「想飛」，什麼想飛？想也是白想，事實上做不到。不過，去談一件客觀事實上做不到的事情，倒不見得談不出意義來，所以這裡我們來想想看，怎麼樣才能談出東西。

首先是選擇要化做的東西。這個東西是什麼，對於文章的好壞其實不具決定性影響，重點在我們選擇它的理由是什麼。那個理由，正好表現了我們觀看世界的某種態度、自我定位的某種方式、自己的某種審美品味，或者表現了對生命對生活的某種價值判斷，所以重要。

這個理由如果說清楚、說深、說透了，表現了某種主觀意義上的真實，那麼，即使它在客觀事實上不可能做到，但在主觀的內在心理上，它卻是完全的真實，那就有可能寫得好。

換句話說，如果我們把自己生命內在的什麼，成功地傳達出來了，這篇文章就有可看性。

我來亂舉一點例子。譬如說，趙傳以前唱過一首歌：「我是一隻小小鳥」。他當然不是一隻鳥，客觀上不是，那這樣的歌詞還有可看性嗎？欸，就看他這樣說的理由是什麼。

歌詞裡說他「怎麼飛也飛不高」，光是看這一句，就很吸引人，因為這話很有現實感，有生活氣息。到底是怎樣飛不高咧？牠既是獵物又無依靠，覺得明天沒有變得更好，幸福是傳說牠找不到，註定無處可逃等等。總之，到最後一句點題了：「生活的壓力與生命的尊嚴那一個重要？」

原來，那飛不高的不只是小鳥，更是作者自己，或和他處境類似的人們，在現實和理想的拉鋸之中，變得舉止失措——這就是主題，它其實很深刻。

所以我說，關鍵不盡在於我們選擇化做的東西，而更在於我們這個選擇所表達出來的態度、判斷或品味，若就這一層意義來看，這個題目還是能寫點東西出來的。

同樣的道理，如果我們跟徐志摩一樣，成了「天空裡的一片雲」，行不行？也可以。

化做雲要幹嘛？投影在你的波心？是有點肉麻，但不是不行，剛剛說過，化做什麼都行，重點是理由。如果我們只看徐志摩這兩句，看起來就是在表白，主題好像是愛情。講愛情好還是不好？如我前面所說，講不講愛情無所謂，重點是把它講成了什麼。

徐志摩在後面接的是：「你不必訝異，也無需歡喜，在轉瞬間消滅了蹤影。」這兩句一下，整個味道就不一樣了——咦！原來他不是只在說「我愛你」而已，他把主題聚焦到愛戀的那一剎那裡面，挖出了一個東西叫做「偶然」，不是必然喔！是偶然。

讀到這裡，它已經不是只講你愛我、我愛你了，而把層次提到「怎麼看待人間的相遇和相愛」了。這個層次，就轉深了。

「相逢在黑夜的海上，各有各的方向。」原來，愛戀的火花，本質上竟是這樣的偶然，我們想看的粉紅泡泡快要不見了。底下最致命的一擊是：「你記得也好，最好你忘掉，在那交會時互放的光亮。」這就對愛戀的火光，給出了一種完全不一樣的看待：我傾心燃燒，可我又無情放手——他給出了一種獨特的態度。

這就是我剛剛說的主觀真實。

客觀上他不是雲，也不會是雲，但主觀上他呈現了一種態度、判斷或品味，這正是最重要的部分。所以我說，關鍵不在於我們選擇化做的東西，而更在於我們給出怎樣的闡釋。

接下來要看幾篇同學的作品，舉點例子作說明。

這一次班上的巷子裡，有的孩子寫紅綠燈，有的寫風鈴，有的寫路燈，這幾位同學的構思都不錯。至少，她們不是一開口就像題目原文那樣狂妄虛矯，要承當人間一切的不祥什麼的。她們選的主題，都有一種生活感、生活的氣息，是生活裡會看見，提起來會覺得有感覺的東西，我覺得這個思路很好，值得肯定。

接下來，就看作者怎麼闡述理由，怎麼表達自己獨到的判斷或品味。

比如說紅綠燈，天天都看見，可我們就看它那幾秒，眼睛就轉開了，那麼當角色調過來時，變成紅綠燈在看底下的人們，在這個剎那裡，看到的世界就不一樣了。

它站在那兒如如不動，但日夜交替、季節更迭，它看見的風景卻變化無窮。正因為它佇立不動，而人們熙來攘往，這是以靜觀動，就呈現了某種生活態度：我目睹轉瞬即逝的真相，我進行一場審美的觀照，或者我默默存在卻不可或缺……，總之，這個角色在客觀上雖不是我，但在主觀上，它必須融進我的價值觀或審美品味，表達一種專屬於我的具體態度，讓這篇文章具有一定的不可取代性，成為內在真實的自然流露。這就是要點。

原文說想化做小樹，說得殘酷些，這有點像無病呻吟，因為我們根本承當不起那些結果，可如果從生活態度和價值判斷上去想，還是可以傳達出深刻的訊息，表現自己獨到的生活態度。

就像這個孩子最後的結語：「世間有百萬種風景，每一種不同的視角，都將使我對世界的想像更加完整，設想自己即使為看似不起眼的一花一草一木，也充滿樂趣和感思。」

她給了題目下台階，讓這場不可能實現的想像，有了可能的意義，這是她給出的態度和價值判斷，文章的立意就在這裡，以此提起全文、總收全文，思路很周延。

其次，當我們依題目指示，做出了自己的選擇以後，有些同學會繞著主題說話，卻說不清楚、轉不出去。我在這裡提供一種簡便的方法，讓自己文章裡的思路更加清晰：「是A不是B」。

我的選擇是A，當然要講出選A的理由，但是有時學生一邊寫一邊想，思路還不是那麼清晰，那我建議這樣想：「我要選A！我才不要選B！那B是什麼？找出來。」

這就像素描時，拿黑色鉛筆把我們畫的主題邊緣和背景全部塗黑，B是塗黑的部分，A是主題，B一塗黑，A就鮮明了。寫文章也一樣，當我們要凸顯主題A時，把B拿出來對比一下，A就跳出來了。

比如說，假設我們選的是路燈，B可能就是霓虹燈。想想看：「城裏的霓虹燈絢麗奪目，鄉間的路燈則可能暈黃黯淡。絢麗奪目的霓虹燈，亮得讓人們心頭火熱、浮動不安，外頭熱鬧、裡頭寂寞；但暈黃黯淡的路燈，卻幽幽不滅，持續地照亮荒徑，重要得不可或缺。」通過這麼一對比，主題就凸顯了。

另外，有的同學想化做聖誕樹——咦，化做聖誕樹要幹嘛？湊熱鬧嗎？為了釐清思路，我們可以試一下「是A不是B」，比如說：「作者想化做小樹，承當一切不祥的預言，承擔苦難的願望太沉重，那樣的境界我還無法體會，但我可以選擇歡慶和祝福。」我做不了悲天憫人的B，但我願意做個默默祝福的A；我或許無法承當那不可承受之重，但我可以傳遞願望和祝福，我可以寄託希望和理想。這樣一來，A是不是就比較清楚了？

寫完聖誕樹以後，這孩子有幾句話很棒，她說：「做一個幸福的見證者，替人們保存著歡愉的記憶。」不錯吧？那見證和保存，正是時間洪流裡我們最需要的東西，因為記憶不斷飛逝，我們也在苦難中不斷遺忘過去，所以那美好的瞬間，更需要把它留住，讓它烙在記憶裡，證明那曾經有過的幸福。這個意思多好！這就是文章的核心。

所以，我們雖然在客觀上不可能成為聖誕樹，只要我們找到態度和判斷，就能呈現某種主觀的真實，那就是文章的重點。

接下來，我們可以再想，這個對生活的態度和判斷，有沒有好壞高下之別？

班上有一篇文章，只得了十五分，在同一批卷子裡，不屬於最高分群，這可能跟她前兩段的回答不夠完整有關，也或許跟這一部分篇幅不夠長有關，但這裡我要集中討論「我選擇化做」，所以其他部分不談，只看她第三部分的「我選擇化做」。

她最後那一段文字，深深地感動了我：「倘若可以，我願化做一滴朝露，在清晨甦醒，躺在一小片葉片上，等太陽升起，我不必成為眾人的焦點，也不需要偽裝，更不必為了追求什麼而用盡所有去換得什麼希望。我只需要一個小小的、安穩的地方，在短暫卻平靜的時光中感受一點一點溫度的增強，並趕在陽光把我蒸發前，順著葉片而下，沒入土裡，成為小草的滋養。我的存在或許不會被世界記得，但那一株小草卻因為我而有了一點點的不一樣。」

如何？有沒有棒棒？

其實，當我們選擇化做某種物品的時候，首先會有一個改變——我們無法說話、無法表達了。其次，變成物品以後，我們的存在感無形中變輕了，於是色調刷淡，自己的存在變得似有若無，紅綠燈、路燈、聖誕樹、雲、水、朝露……，不管是人為的還是自然的，當我們變成物品，當然就失去了說話的能力和機會，所以這個時候會出現一個嚴酷的考驗：「存在感不見了，怎麼辦？」

當我們是個人類時，對於自己的存在感尚且弄得饑渴迫切無比，那變成不是人、不會說話、無法表達時，我們還能算個啥？

有人說要承擔天下的惡運，這一看就是唬爛，但很明顯地，她這話能解決存在感的需求，彷彿在告訴讀者：「我雖然變成了樹，可我的存在簡直就巨無霸，因為我偉大到爆炸了唷。」好，不管她，那換成我們來寫的時候，如果我們不想那麼噁心忽悠人，要怎麼解決這個存在感的需求？

這就等於在問：「如果沒有人要聽我說話，那我還能給出什麼、得到什麼？」

同學用的字眼很樸素：「不必為了追求什麼而用盡所有去換得什麼希望。」在許多傳統中文系風格的老師看來，這種文句詞彙可能非常普通，但在我看來，這話簡直是驚心動魄。

「不為了追求什麼而用盡所有去換」？我的天，這境界完全打敗一缸子所謂的文壇作家！那一票搖筆桿的，有幾個不是聲嘶力竭在換東西（眾人的肯定、名譽聲望和隨之而來的財富）？但這孩子表達出來的東西完全不同：她就活在當下裡！

她說，她不打算成為眾人的焦點，也完全不需要偽裝，她在被陽光蒸發前，「順著葉片而下，沒入土裡，成為小草的滋養。」這裡面沒有存在感的饑渴迫切，卻把它存在的畫面都洗乾淨了。那種枯竭不安、以吶喊證明存在的急迫感沒有了，在它恬靜地存在裡，是悠然審美的觀照，在它靜默地消失裡，是順勢而行的滋潤。

存在很美，但消失也美，歐！不！這是我們教得出來的嗎？這孩子太可愛了。她的文章是短了些，但意思實在是太好了。

換句話說，所有的文字最後都要回到一個地方，就是「關於我們的存在這件事情，我們到底要怎麼看待它」（若用柯慶明的說法，這就叫「生命意識」）。

文章以立意為先，若立意高遠，又能出語真切，自然就是好文字。寫文章，真的不用面目猙獰，非要整出什麼大動靜嚇唬人才算好。有時候，我們就只是靜一靜，心裡有點什麼騰起來，那美感出現的一剎那，就可能是好文章。

古人說「文章本天成，妙手偶得之」，文章可以做，但究其實它還是天成的。底下我舉一篇學生寫的「風鈴」為例（為了當作一個說明的範本，我做了一點修訂改寫，但那意境還是天成的）。

當風鈴要幹嘛？「俯瞰進進出出、忙裡忙外的生命，它的存在彷佛只是為了獻上那幾聲叮呤。幾聲響過，不會再有人注意它，可它也不在意，繼續在風中搖呀搖、晃呀晃。」

如何？這文字很淡吧？可是它不是沒味道，這裡面有一種悠然之美。

當她用了「俯瞰」二字，風鈴的處境就升上去了，「抽離」本身其實就有境界，能解決「存在感的失落」問題。「不在意」是抽象的，但「繼續在風中搖呀搖、晃呀晃」卻補上了形象，那搖搖晃晃的本身，就呈現了一種態度。

接下來她說：「風鈴的聲音若有似無，遠不如鐘鳴鼓應。風中那幾聲銀瓶乍破的清脆，實在是不敵城市鐵槍騎兵般的喧囂。」

這一段延續了稀淡的色調，但通過對比，還是把它寫深了。鐘鼓和喧囂在這裡做了陪襯，於是它淡是淡，卻淡得好，它不吵人，好聽。而且「伴隨著風聲晃出滿屋子的清脆，卻像一場提醒，告訴人們庸擾的生活該休息了，也適時的替過度緊繃的神經釋放一些壓力。」輕淡，卻美好。

回頭想剛剛說的：「如果沒有人要聽我說話，那我還能給出什麼、得到什麼？」風鈴的聲音很輕，存在感很淡，但那幾聲清脆，正是我能給出的好東西。淡，可是有味。

我在後面幫她加了一句：「偶而一陣風來，在空中為人們送來幾聲輕響，也帶來無限祝福。」我建議加一點意象，把前面所經營的感覺都收攏在一起，集中表現那種特有的生命態度。

這孩子很靈慧，她在文章的最後說：「即使無法言語、無法反應，從現實生命中抽離，對於生命做出更透徹的安頓，都是使人一心嚮往的超然存在。」她知道這種想像可以是一種抽離，裡面有一種她要的態度：超然的存在。這就是她要表達的主題。

總之，感性題的大原則，給點態度，給點真東西，給點自己讀了會感動的東西，那是文章裡最重要的東西。然後注意層次感，看看能不能越提越高、越挖越深，就像金山南路那一家馬叔餅鋪的燒餅，咬下去一層一層，味道就厚了，耐吃。

作文批改筆記

暑期輔導第一週，看得出來，大家意識到這個部分的重要性了，非常認真地寫作文。為了讓大家更有效率，在這裡幫大家歸納一下比較常見的幾個問題。

從整體上的表現來說，同學的文章主要的問題有幾個：

一是篇幅比重。

文章裡可以有故事、有抒情、有說理，當然最好都有，但要留意比重。特別是要在時間壓力下完成作文，不能不作預先安排，就直接落筆馳騁。

有許多同學一開頭就用太多力氣鋪排「道理」，但道理要在具體的事情、在真切的感情裡體現，才容易進入人心。如果一開始就把整個世界所有的情感、人事都撈進來，天南地北都要先說一說，慢慢才聚焦主題，這種寫法非常危險，在文字的使用效率上也過度奢侈，效度太低。

如果文字本身凝練度不夠，你的故事還沒開始講，就要被迫結束了——因為時間到了。所以全文的篇幅比重如何，要先打好腹案，大概用多少篇幅說什麼事情，一定要先想好，落筆前寧可先留五分鐘想大架構，想好再寫，不要倉促落筆。

二是寫情不切。

題目是「友情的感懷」，先要留意，人家題目問的是「友情」，不是「網路世代感情的速食化」、不是「現代社會的疏離冷漠」、不是「交朋友的方法和道理」，都不是。注意，切題一定要精準。同學的文章裡，常有「主要意思兜不準，往外亂跑」的情況。這一點很嚴重，請一定要留心。既然是「友情的感懷」，那一定要把那份「友情」表現出來，先讓讀者感覺到，真有一份情在那兒了，有溫度、有血肉、有感動了，然後再把你對這分友情的「看待」寫出來。

要把那分友情表現出來，倒不是不厭其煩什麼都寫，而是挑選故事裡最有「表現力」的橋段，在那個事件裡表現情份。所謂「表現力」，當然可以是細節，不是什麼都寫，而是集中在「效果最大」的幾個細節裡去表現。

有些同學大概覺得不可能一件一件去寫，於是從頭到尾一直用「遠鏡頭」，落筆就是人世、社會、學校、一切……霧裡看花，看不清。鏡頭太遠，聚焦就不明，聚焦不明，就是在講人世間一切的情感、一切的朋友、一切的來去離合……你想想看，這得多模糊？所有的人事都模糊了以後，再要說這是「友情」，對讀者來說，實在感覺不到那是真的。

如果那份情表現不出來，後面的感懷就沒有著落，好像一個冷冰冰的木頭人拿著教鞭在講臺上講大道理，真的不能算「感懷」。

三是關於「看待」。

有了情分了，要怎麼「看待」這個情分，那就是這篇文章的靈魂。

所謂「看待」，就是怎麼看這回事，那是見地。「為文以立意為先」，你的看待將表現出識見的高低、廣狹、深淺、厚薄，至關重要。那是累積出來的功夫，不容易速成，但至少要練習，要練習想一想：「到底要怎麼看待這份情感，會讓你隔了幾年之後，拿起這篇文章讀，還會點點頭？」

譬如說，有的同學說，我不善交朋友，但是幸好有一個人來跟我交朋友，他對我超好，真是棒極了，然後結論是「朋友貴精不貴多」。看起來好像也沒錯，但這份「看待」裡，表現了什麼「見地」呢？

這文字裡潛在的意思可能是：「朋友嘛，不用去交、去付出，自然會有人找上門。碰到好的，一個就夠了，其他就算了。這樣超棒。」是不是哪裡怪怪的？

以前的人說「朋友之道，先施之。」「先施」可以算是見地，但是「等好康」就很難算是見地了。

什麼樣的見地，會讓我們「隔了幾年之後，拿起這篇文章讀，還會點點頭」？以此為原則去想，想通了，再落筆。這會使文章的氣力紮實得多。

混合題的嘗試

這次段考，高一的國文試卷中首次出現了「混合題」，也就是非選（手寫）題和選擇題在同一個題目裡一起出現。根據大考中心的說法，這是能夠提升評量層次的新題型。長期以來，學測過於偏向選擇題，若想精進命題，提升評量層次，特別是系統思考與解決問題、規劃執行與創新應變等，光是用選擇題或開放式非選擇題評量，似乎還不夠。

把選擇題與非選擇題混合在一起，是為了使評量層次更完整，特別是設問的方式可以更為「結構化」，在命題上更有彈性，或可評量出學生「不同層次」的能力，包括統整、歸納、分析、說明、表達等能力。當題目裡不再提供備選的選項時，考生不能猜，就得直接作答，這樣做，目的是要確實評量他的閱讀理解能力。

我特別注意到一個說法：「命題者設計較為結構化的非選作答形式，不只可以有系統地評量考生分析與說明能力，也讓考生在作答時可得到相當明確的指引。」

結構化，就是要考出層次來，不能只有單一、片段的知識記憶。於是，我決定好好地「結構化」一番，給他來個多層次，連默書都考進去。學生要完全理解那一句的作用，才知道要答哪一句。

這樣考，真是一場標準的「混合題」。但哪有這種文章呢？量身定做，比較方便，所以我乾脆自己來寫，順便在文章裡加一點課文的導讀。題目的內容是這樣的：

◎閱讀下列文字，並留意括弧內的空白。括弧內的文字，均為韓愈〈師說〉的原文，請依序填答。（每格一分，錯字、漏字扣零點五分，扣完為止）

在韓愈所處的中唐時代，那些居官在職的士大夫，頗以從師為恥，於是成了韓愈〈師說〉的主要批判對象。

他們不肯從師，自然是囿於成見，困於積習，根據韓愈的觀察，主要表現在以下兩個方面：一是看到有人互稱「老師」、「學生」等等，大家就聚在一起譏笑他們。譏笑的理由是：「彼與彼（(1)），道相似也。」

二是受到身分地位的高低所影響，拉不下這張老臉。韓愈用兩句話，就概括了他們的心態：「（(2)），（(3)）。」

說到底，其實這些現象與新舊士族的勢力鬥爭有關。

過去選官以門第出身為準，現在是通過吏部考試來決定。但唐代取士途徑非只科舉一端，還是有「門蔭入仕」這一條。這些高官子弟，可無須通過貢舉，按規定先充當皇帝或皇太子的侍衛官或齋郎等職，任滿一定年限之後，便可授予一定的官階。換句話說，靠著祖宗、老爸的地位當官。

舊有的門閥士族和新興士族之間，勢力一直在對抗和消長。

唐代前期，每年明經、進士及第者，只有幾十人；唐玄宗時，每年也不過百人。而當時每年諸色入流者（包括門蔭、納貢、詮選等）約一、兩千人，是科舉入仕的十多倍。一直要到玄宗以後，科舉扮演的角色才開始慢慢變重，科舉出身（尤其是進士出身）者逐漸成為高級官員的主要來源。

據吳宗國教授《唐代科舉制度研究》一書的統計，玄宗開元元年至二十二年（公元七一三—七三四年），共有宰相廿七人，科舉出身的宰相共十八人，占宰相總數的三分之二。而憲宗至懿宗七朝（公元八〇六—八七四年），共有宰相一百廿三人，其中進士出身者一百零四人，占總數的85％。同時期，在六部尚書正三品的高官中，進士出身者也佔據了多數。通過科舉進入仕途的新興士族，慢慢成為主流。

新舊士族之間的競爭和對抗，一直是唐代糾纏不清的課題。

歷史課讀到「牛李黨爭」與它有關，國文課讀到白行簡寫的傳奇《李娃傳》也與它有關。「滎陽鄭氏」在唐代尊貴無比，列為「五姓」之一，但在白行簡的小說裡，鄭家的公子只知道嫖妓，敗光錢財，要靠妓女李娃督促才能考出一點名堂。當爹的更沒人性，看兒子落魄無用，不惜打殘了扔路邊，兒子考上了又來認親。小說的字裡行間，都是對門閥的嘲弄。

不注意這個問題，閱讀唐代作品就不免有點隔靴搔癢，無法深入其中，全盤理解。

說真的，我們要用直覺來批評那些世家門閥是「靠爸族」，也不太公平。所謂「三代做官，才會穿衣吃飯」，人家世代書香，身上可能真有寒門苦讀培養不出來的本事。

徐皓峰說，唐代八大書法家，沿襲魏晉古法的僅虞世南一人，其他都是新法。虞世南臨摹版，第一眼看去覺得筆畫纖細，越看越覺得筆力雄勁，據說是以運槍之法寫就，那是古法的傳承。虞世南是王羲之七世孫智永的弟子，乃一脈真傳，卻被世俗忽略。

世家的存在，令文化人有了可以自重的餘地。唐之後的官宦大家族，只是權貴，在經濟政治上缺乏獨立性，在文化上沒有根基。明清科舉制度則奪取了文化人的退路，不做官便沒有尊嚴，做了官便沒有自由。

從東漢至唐朝，中國文化裡的許多精微部分，主要都是依賴家族進行傳承。這些人叫他拉下老臉向新興士族求教、稱師，從各方面來說，都有其難處。

至於韓愈抬出聖人當招牌，當然很有說服力。但說真的，當年的孔子反而沒有這個包袱。孔子是家道早已沒落的老貴族，「吾少也賤，故多能鄙事」。對他來說，沒有什麼人不能當作學習的對象，善者可以從之，不善者也可以改之，拿他們來惕勵自己。人能自覺、能反省，哪裡沒有老師呢？所以韓愈在〈師說〉裡引用孔子對求師的意見當論據：「(4)」。

生命不是只有一條跑道，每個人在不同的領域裡，奔跑的速度和所在的高度都不一樣，所以韓愈最後歸結了兩句話：「(5)」、「(6)」，這兩句話從此膾炙人口，在教育和學習上給予後人無窮的啟發。

讀完上文，請依文意選出正確的選項：

（A）唐代的士大夫不肯從師問學，都是因為囿於虛榮，困於俗見，身上沒有真學問

（B）在唐代前期，科舉入仕的人數雖然不到百人，卻一直都是高級官員的主要來源
（C）世家的存在有其不可替代的文化意義，讓門閥士族即使不做官，也能自尊自重
（D）孔子到處求師，但他虛心又善於揀擇，必以才德兼備者為師，所以能成為聖人

【答案】C

【解析】（A）「沿襲魏晉古法的僅虞世南一人，其他都是新法。」「虞世南是王羲之七世孫智永的弟子，乃一脈真傳，卻被世俗忽略。」可見世家不見得沒有真學問（B）在唐代前期，科舉入仕者還不是高級官員的主要來源，要到玄宗以後（D）孔子認為「三人行必有我師」，因為「擇其善者而從之，其不善者而改之」，所以並不是必以才德兼備者為師

〔後記〕

韓愈的〈師說〉，放在國文課本裡已經很多年了。大部分的教材都把它聚焦在「當時士大夫以從師為恥」的問題，跟著批判一番，順便說說所謂的「師道」應該是什麼。

但抽離了特殊而具體的歷史背景，就很難把問題真正看清楚。那些被韓愈批判的士大夫們，為什麼會有這樣的心態和作為？當時滿朝的士大夫，難道都如此無知無識，不知尊師重道，也不知虛

心向學?這世上又焉有此事?

如果我們只是高唱「世風日下、人心不古」,把那些被批判的對象一味扁平化、醜陋化,那麼,這就成了一門自說自話、一廂情願的課,冬烘先生講論道學的課,教訓學生要好好尊師重道、從師問學的課。這文章本來並不八股的,但我們的思維若太過怠惰,所有的文字也都可能成了八股。

舊有門閥和新興士族之間的對抗,不是單純善惡高低的問題。從東漢至唐朝,中國文化裡的許多精微部分,主要都是依賴家族進行傳承。這些人叫他拉下老臉向新興士族求教、稱師,勢所難能。韓愈對師道說理透徹,當然給後人許多提醒,但當時的社會現象與新舊勢力的較勁有關,世家的存在有其文化意義,對此不能一無所知。

要讓學生看見、思考並理解這些不同的層次,兼顧基本觀念的認識和真實情況的理解,我們可以通過閱讀、講論,也可以通過考試的題目。這次的題目,也許是一個可行的嘗試。

作文題的嘗試

昨天出給學生練習的作業，是一次新的嘗試。剛剛上完袁宏道的〈晚遊六橋待月記〉，我們在課堂上說到了一些審美經驗的問題，因此以此為題，讓她們練習寫寫自己的感覺，也用實踐的方式印證一下明代的文學主張。題目如下：

袁宏道在文章裡把「西湖之盛」寫出了三個層次：第一個是「艷冶極矣」的白天，綠煙紅霧，瀰漫二十餘里，這是一種美。第二個是「極其濃媚」的朝煙和夕嵐，這種時候湖光染翠、山嵐設色，是第二種美。第三個是文章主題，也就是「待月」，它沒有正面寫，卻用側筆虛寫，用花態柳情、山容水意，引發我們無窮的想像，也帶領讀者進入待月的心境。袁宏道寫的這些，都是他的審美經驗，重點是「獨抒性靈，不拘格套」，也就是別管別人怎麼看、怎麼欣賞，重點是我們自己的感覺，還有，要能把我們的感覺說透、說活。別人喜歡什麼，那是人家的事，不要跟著別人附庸風雅，也不要只想用典故、套修辭，把成語拿來生搬硬套，這都不是真的。用現在的話說，他的主張就是「抓住自己真實的感覺」、「痛快地掏出來」、「找到自己的方式去表現」。

那麼，我們的生活裡，對於花態柳情、山容水意，也曾經有過自己的真實感覺嗎？這篇練習，就以某一場審美經驗為主題，不一定要綠煙紅霧，朝煙夕嵐，也不一定要湖光染翠、山嵐設色，只要是「審美經驗」真實發生的某一個剎那、某一個時段，都可以。

題目自己訂（但是不要叫做「一場審美經驗」，這樣有點呆，自己想個有味道一點的題目）。

【提示】

(1)先想好時間、地點，再想定好人物、事件，若有對象，就聚焦在那個對象（花柳山水或其他的東西都行），想辦法抓住那個時間的情境、氣氛，凝聚在當下所感受的審美經驗。

(2)如果可能，從這裡延伸一下，看看能給出什麼樣的感悟。最重要的是不要騙，要真。

(3)底下放四段文字，當作示例，給同學參考。文章很短，不算完整，只拿來引起靈感。但你們這個作業是練習寫文章，所以結構要盡量完整。

【例一】　午後

如若不用上班，每天到了下午三、四點的時候，是我最幸福的時候。

陽光從屋外灑進來，整個屋子亮堂堂的，溢滿了金黃色。明亮、溫暖，有無窮的美好的氣息，從偌大的天地、宇宙湧進來。湧進這個小小的屋子。它很小，卻可以裝下那樣大、那樣多的東西，特別是裝下那樣多的光亮。

我總以為，在無人陪伴的午後，我應該想法子填滿它。或讀書、或寫功課、或批作文、或改週記、或寫論文，要不然就是要與人共處、或動或靜，總之不該「浪費」了這美好的午後。

這些日子以來，我越來越意識到，那「不與人共處」的妙處，那「無所事事」的妙處。原來，我一直被「非要做什麼事」綁架得這麼徹底，從來不能從容地品出活著的滋味。

看著光亮亮的空氣，聞著空蕩蕩的氣息，聆聽著屋裡屋外一若無有的聲響。原來，什麼都不要的時候，人真的可以如此飽滿、富足、自由、尊貴，想到此處，我既喜悅，又幾欲落淚。

當然，我還是做了點人間事，泡了一壺好茶，不言不語地，享受香氣在我鼻腔、口裡游蕩、沁潤的快樂。

【例二】　冬日的陽光

白天出門，舉頭望去，冬日的天空，藍得無邊無際，高遠無極。天空裡綴著一綹一綹的白雲，裡面不知藏著多少童年想像中的神仙。

走在街上，金光閃爍，只覺得陽光嘩啦嘩啦地響。走廊上，陽光穿過樹葉的縫隙，迎面而來。那從樹葉裡穿出來的流光飛騰四溢，在眼皮子前面旋轉，簡直是叮噹作響，不得不垂下眼瞼，避它一避。

冬日的陽光，不只是溫暖，而且亮晃晃地閃著，讓人隱約感覺到整個天地裡潛藏著的生命氣息。就在不經意處，隨時有金色的光影在牆邊、地板、窗櫺邊或手臂上落腳。

我看著它燦爛地閃爍著，慢慢變得柔和。它就這樣無聲流淌，一點一點地挪移隱去，宛如上帝的諭示。

原來，生命一直在消逝，不抓緊，活出樣子來，它一會兒就沒有了。

【例三】　沁涼如水

最近打開窗戶曬東西，窗外的空氣沁涼如水，有點兒怕著涼，卻又貪圖那分沁涼。想到古人說的「已涼天氣未寒時」，這天氣在臺灣是冬天，在北方應該算是「已涼未寒」，想必古人對這天氣也特別有感覺。

小時候總喜歡夏天的明亮、奔放，甚至是酷熱，喜歡漫漫永晝，無邊遐想。中學時對這「已涼天氣」頗有感覺，有點感傷，也有點興奮。至於感傷什麼、興奮什麼，卻說不清。

現在那份感覺越來越明顯了。越來越喜歡上這個清冷冷的天氣，清冷冷的，似乎周遭顯得特別安靜、寧靜。從天亮時醒覺開始，涼涼的空氣瀰漫，呼吸著這天地間美好的空氣，覺得活著真好，真幸福。

【例四】　出離

在他還沒有退休之前，我們有過許多美好的時光。

中午時分，我們總是買好素食便當，端出辦公室，泡好一壺上好的茶葉，兩人坐在逸仙樓旁木製的菁樱臺上，一起度過午休時間。

他從來不刻意找話題，時常毫無預警地，就陷入了一種極度靜寂的沉默。我們的談話因此時常中斷，隨時放進空白。於是，或言或默，或飲或食，也都隨意，並不勉強。那樣的情景，卻有一種平淡的喜樂充滿了我的胸臆，受到那樣的氣氛感染，於是，我也時常一言不發，靜靜地傻笑。

有一次，我們在木臺上吃著午餐，看著暖陽覆蓋著整個操場，遠處的喜鵲昂首闊步，若有似無的花香鳥語在空中瀰漫，時而有歡聲笑語在空氣中隱隱飄散，面對此景，我們都停止了說話。

我雖不言不語，卻沒忘記扒飯，肚子正餓，一口一口吃得正高興，他卻連筷子都停了下來，眼睛停在遠處的操場，整個人都靜止了。

就在這個時候，他淡淡說了一句：「這美好的一切，都會過去啊！」

飯吃到一半，彷彿突然就被他惡作劇地掐脖子捏住了喉嚨，讓我吞不下去。我愣了一會兒，瞬間明白了他的意思，點點頭，然後繼續吞咽。

我明白，那其實是他內外一致的徹底實踐：「出離心」。對佛家的實踐者來說，出離心的真正標準，就是可以隨時拋棄任何熟悉的東西，可以走出任何習慣的場景，特別是依戀和喜愛的事物，不會有猶豫。這困難到不可想像，但他確實每天不間斷地練習和實踐，尤其是在生活裡特別快樂的時候。正是要在這樣的時刻，能發出來的出離心，才是真的出離心。

像這樣的諍友，如童話般的進入我的生活，又很快地消失了。他終於退休，再也不來學校，那樣的友情，那樣「出離」的演示，從此成了絕響。

有一位優秀的建中學弟非常用心，幫我這次命題的嘗試做了個簡單的註腳：

「這篇文章說的是〈晚遊六橋待月記〉的課後延伸寫作，要學生書寫「審美經驗」。照文章描述，這堂寫作課至少表現出幾點值得關注的教學概念與行為：

⑴寫作主題與課堂選讀的範文結合。

⑵透過書寫，連結文章與學習者的生命經驗。

⑶指定寫作主題，讓學生自行命題。

⑷教師示範寫作。

特別有意思的是第　點，對教學者來說門檻較高，但據我有限的類似經驗觀之，效果會很好。那樣的效果可能表現在學生作品上，但更重要卻看不到的，是發生在學生如何面對寫作這件事，以及學生與教師之間的關係。

我想，他真的把我這次嘗試的思路完全看透了。

國寫題的嘗試

其實，我覺得自己真有點受不了現在的「國寫」（國語文寫作能力測驗）題目。「素養導向」的概念，本來很好。兼顧「感性」和「知性」，本來很好。但這些本來很好的概念，一旦落實到現實操作，往往就會變得很不好。那些題目出了老半天，都在複製大考題考過的模式，結果僅得其形，不得其神，甚至連形也學得不太像。

「知性」題跟「感性」題的分類框架，本身就很容易流於僵化。乍看之下，好像眉目分明，但同時也在相當程度上限制了測驗的思路。分類本身是為了方便，但類別一旦成了框框，裡面的東西就再也沒有生命。

遇到「知性」題，就一定要來個科普文章，出起來都太乾澀、太機械，改起來千篇一律。那些細微的差別是不是真有什麼鑑別上的意義，我想老師們自己心裡也在懷疑。

遇到「感性」題，出起來往往不是太綿軟，就是太呻吟，改起來跟國中作文差不多，都是那些思念、感恩和愛，大部分文字都空盪盪的，總覺得少了點什麼。

這算素養嗎？跟她們的生活能力有很大的關係嗎？是考她們會寫感恩卡片，還是捷運新詩投稿會錄取呢？

所以我想來想去，想試試看這個——回到「素養導向」的概念，一種面對生活，將知識和能力適當統合運用的素養。譬如說，主管遇到部下的質疑，要如何面對和解決？要解決的時候，如何用上既有的語文知識和素養？然後，裡面可以適當運用作者對「天人之際」這種大問題的基本看法，表現他的見地卓識。

下面這個題目看起來像是知性，但是裡面卻需要使用到一些感性能力，關於如何說服，特別是能不能依照題目所設定的情境，在一定前提下採取適當的語言策略，進行有效地說服。

以下是我的新嘗試。

【試題】

◎閱讀下文和題目後，在國語文寫作試卷上作答，請記得標明題號。

「天人感應」的觀念，可能始自《尚書》的〈洪範〉。〈洪範〉說：「曰休徵：曰肅，時雨若；曰乂，時陽若；曰晢，時燠若；曰謀，時寒若；曰聖，時風若。」休徵就是善行之徵，譬如說，當人君端肅正己的時候，他的施政就如同時雨來臨，讓老百姓沐浴他的教化。

但漢儒對〈洪範〉的理解，則傾向於「天人相感」，認為君主施政態度能影響天氣的變化，君行敬，則時雨順之；君行正，則時暘順之。天人相感，彷彿毫髮不差。這種認知，不但出現在董仲舒的思想主張裡，也出現在後代的學術思想、通俗小說裡。

許多古人認為，一個深明天文的高人，在夜觀天象時，可以看出很多東西，包括一個朝代的興衰大勢、朝廷的良窳清濁；也包括聖主、賢才、良將是否降生或何時消失；甚至兩軍相持的時候，也能在天文中看出所在地域的強弱吉凶。底下略舉《三國演義》中的幾段文字為例，即可見端倪：

甲、堅歸寨中，是夜星日交輝，乃按劍露坐，仰觀天文。見紫微垣中白氣漫漫，堅歎曰：「帝星不明，賊臣亂國，萬民塗炭，京城一空！」言訖，不覺淚下。（第六回〈焚金闕董卓行兇，匿玉璽孫堅背約〉）

乙、操由是日與眾謀士密議遷都之事。時侍中太史令王立私謂宗正劉艾曰：「吾仰觀天文，自去春太白犯鎮星於斗牛，過天津，熒惑又逆行，與太白會於天關，金火交會，必有新天子出。吾觀大漢氣數將終，晉、魏之地，必有興者。」又密奏獻帝曰：「天命有去就，五行不常盛。代火者土也。代漢而有天下者，當在魏。」（第十四回〈曹孟德移駕幸許都，呂奉先乘夜襲徐郡〉）

丙、父老曰：「桓帝時，有黃星見於楚、宋之分，遼東人殷馗善觀天文，夜宿於此，對老漢等言：『黃星見於乾象，正照此間。後五十年，當有真人起於梁、沛之間。』今以年計之，整整五十年。袁本初重斂於民，民皆怨之。丞相興仁義之師，弔民伐罪，官渡一戰，破袁紹百萬之眾，正應當時殷馗之言，兆民可望太平矣。」（第三十一回〈曹操倉亭破本初，玄德荊州依劉表〉）

丁、徽曰：「孔明與博陵崔州平、潁川石廣元、汝南孟公威與徐元直四人為密友。此四人務於精純，惟孔明獨觀其大略。嘗抱膝長吟，而指四人曰：『公等仕進，可至刺史、郡守。』眾問孔明之志若何，孔明但笑而不答。每常自比管仲、樂毅，其才不可量也。」玄德曰：「何潁川之多賢乎！

」徽曰：「昔有殷馗善觀天文，嘗謂群星聚於潁分，其地必多賢士。」（第三十七回〈司馬徽再薦名士，劉玄德三顧草廬〉）

戊、卻說孔明在荊州，夜觀天文，見將星墜地，乃笑曰：「周瑜死矣。」至曉，白於玄德。玄德使人探之，果然死了。（第五十七回〈柴桑口臥龍弔喪，耒陽縣鳳雛理事〉）

己、操領兵還冀州，使人先扶郭嘉靈柩於許都安葬。程昱等請曰：「北方既定，今還許都，可早建下江南之策。」操笑曰：「吾有此志久矣。諸君所言，正合吾意。」是夜宿於冀州城東角樓上，憑欄仰觀天文。時荀攸在側。操指曰：「南方旺氣燦然，恐未可圖也。」攸曰：「以丞相天威，何所不服？」（第三十三回〈曹丕乘亂納甄氏，郭嘉遺計定遼東〉）

庚、後主覽表曰：「相父南征，遠涉艱難；方始回都，坐未安席；今又欲北伐，恐勞神思。」孔明曰：「臣受先帝託孤之重，夙夜未嘗有怠。今南方已平，可無內顧之憂；不就此時討賊，恢復中原，更待何日？」忽班部中太史譙周出奏曰：「臣夜觀天象，北方旺氣正盛，星曜倍明，未可圖也。」乃謂孔明曰：「丞相深明天文，又何故強為？」孔明曰：「天道變易不常，豈可拘執？吾今且駐兵馬於漢中，觀其動靜而後行。」（第九十一回〈祭瀘水漢相班師，伐中原武侯上表〉）

問題一：（佔6分）

(1) 試就上文詳加理解後答題。（作答時只要寫出是哪幾則即可，不必敘述或說明）

在「丙」則之中，父老相信殷馗所說，真人（聖主）的出現會反映在天文上。那麼，還有哪幾

則可以看出「賢才、良將的降生或消失」也會反映在天文上？（2分）

(2) 從哪幾則可以看出「一個朝代的興衰大勢、朝廷的良窳清濁」會反映在天文上？（2分）

(3) 從哪幾則可以看出「在兩軍相持的時候，天文會反映所在地域的強弱吉凶」？（2分）

【答案】

(1) 丁、戊

(2) 甲、乙

(3) 己、庚

【說明】 此題為測驗學生閱讀理解能力，只要找出對應的選項即可，一項一分，對錯明顯。

問題二：（佔9分）

在「庚」則之中，譙周勸孔明說：「臣夜觀天象，北方旺氣正盛，星曜倍明，未可圖也。丞相深明天文，又何故強為？」孔明卻說：「天道變易不常，豈可拘執？吾今且駐兵馬於漢中，觀其動靜而後行。」

當一個重要的部下質疑主管的決策時，主管往往須經由適當的溝通、說明，以形成彼此的共識，凝聚團隊的向心力，並加強彼此合作的動力和默契。如果你是孔明，你會怎麼回應譙周？請站在孔明的立場，試著論述天道和人事之間的關係，說明出兵的理由，讓譙周能夠信服。

〔注意〕

(1)作答時請在這兩個前提下進行：一是孔明和譙周都深明天文。二是兩人都相信「天人相感」的思想。文中不必討論「天人相感」到底是合理還是荒謬。

(2)字數不得少於兩百字。

(3)作答時著重在說服力，只要能闡明自己的觀念和理由，敘述時條理分明，邏輯清晰即可。不必訂題目，也不必依起承轉合結構寫成完整文章，但仍請分段書寫，以求眉目清晰。

【說明】

(1)此題為情境題，測驗學生是否能夠依照題目所設定的情境，在一定前提下採取適當的語言策略，進行有效地說服。

(2)評分標準：

①必須在「天人相感」思想的前提下進行討論，說明自己（孔明）出兵的理由。若學生在作答時轉而討論「天人相感是否合理」，即為離題。

②不必依起承轉合結構寫成完整的四段長文，但必須條理分明，邏輯清晰，能闡明自己的觀念和理由，文字須具有說服力。

③如題所示，說明出兵的理由時，須扣緊天道和人事之間的關係，也必須針對譙周「北方旺氣正盛，未可圖也，又何故強為」的說法提出回應。

④天道和人事之間的關係，是安身立命的大課題，在此課題中能看出學生對天人關係的理解能力、思考的深度和論述的能力。答卷是否進入高分群，這是重要的鑑別點。

「問題二」，其實是一場關於「說服」的練習。像〈燭之武退秦師〉、〈與陳伯之書〉這些文章，裡面有很多關於說服的技巧，我們在課堂上早已學過。現在正好給一個情境，讓同學來練習一下語言使用的策略。我自己也寫了一篇，讓閱卷的老師當作參考。標楷體的部份是我試著做示範的文章；新細明體的部分，是我隨段加註的寫作說明。

【示例】

春秋時，子產說：「天道遠，人道邇！」天道遠離人間，人道則存在於身邊的社會人事之中，可以就近掌握。所以我們談論「天道」，終究要回到「人事」上來說。

《尚書》裡說：「天命靡常，唯德是輔。」天道變化無常，其間變化的規律是什麼？是人事的作為。改朝換代，勢所難免，古人常說「有德者居之」，所以德衰祚移，失德喪位，所謂天命，其實是來自人事。

——這兩段藉由古人對天人關係的論述，把天象的討論轉到人事上來，為底下人事的作為提供理論上的基礎。

如今北方氣旺，是為什麼？那是因為曹賊挾天子以令諸侯！漢家四百年江山，帝闕餘氣不散，竟被曹賊篡竊，所以臣民不得不從。正因天威遭竊，群臣蟻附，一時成風，所以才有眼下之盛，那也不過一時之勢而已。

若我們熟觀其政，曹賊廢德舉才，貪利求功，好用詐術權謀，上行下效，各懷相賊之心，以遂其私欲。他們上下之間，不過以利相須、以權相謀而已。既然上下征利，屬下必有虎視眈眈、伺機篡奪之輩，一旦利害衝突，有隙可乘，其勢必將土崩瓦解，盛況盡去。

——這兩段藉由天人相感的理論，對譙周所說的「北方旺氣正盛，星曜倍明，未可圖也」做出人事上的解釋，以說明一時之勢無常，不必過分憂懼，以化解對方的疑慮。

天道變易無常，並非機械的規律，而是由人事的表現來推動。天人相感，其實是人事感召了天象！德衰運移，其象必變。今日一時之盛，焉知明日是否轉衰？智者先時而行，難道要等到天時已變，再做準備？我如今駐兵漢中，觀其動靜，正是先時而行的準備！

你說不能「強為」，我怎麼會不明白？人力的作為，未必能立即逆轉乾坤、盡掃妖氛，但是至誠必能相感，仁義終得民心，民心一旦改變歸趨，大勢就會有所推移，這就是英雄對時勢的創造！

——這兩段用「先時」、「造勢」的大觀念，來說明出兵的客觀意義：並非逆天而行，也非一意強為，而是合理有效的行動。

我們高舉義旗，揮軍北上，最大的意義，就是在召喚更多百姓的覺醒！師出有故，名正所以言順。少帝並未失德，卻被威逼退位，一個閹宦之後居然可以掌握樞機，輕言皇帝的廢立！伏皇后母儀天下，卻被華歆這樣的傖夫所辱，威逼至死，皇家貴胄，被糟蹋得賤如螻蟻！百年騷亂，宛如禽獸相爭，蟲豸啃食，令人不忍再睹！

我們陳兵聲討，興復漢祚，其實是在用行動昭告百姓：正義不被遺忘，公理絕不泯沒，君臣相仇、弱肉強食不應成為普世的常態，每一個百姓都值得擁有朗朗乾坤，也應該期待一個清平世界！

三分天下，我們已據其一，若不做出改變，只圖割地自雄，貪戀眼前的高位，偏安一隅，據地為尊，享受短暫的榮華富貴，那麼，我們和曹操這種奸臣、孫權這種軍閥，究竟有什麼區別？在百姓的眼中，我們也只不過是打著漢家旗號的另一個軍閥而已。

不要忘了，兩川荊襄的百姓把身家性命都交給我們，不是要讓我們安享榮華富貴，是期待我們創造一個可以措其手足、安身立命的時代。如果我們把一切都委之於上天，坐待天時，而美其名為順天、應天，那就真的像荀子說的，「蔽於天而不知人」，也辜負了這數十萬百姓的期待和託付。

人生百年，忽忽即過，轉瞬就成了糞土，這麼短暫的生命裡，總該做點什麼。尤其是在這個正義沉淪、黑暗籠罩、善惡扭曲的時代，我們若不爭點是非曲直，早晚會和這些禍國殃民之輩一起汩沒沉淪，一事無成。

——這五段列舉各種理由，從道義、情感和責任的角度，說明出兵的主觀意義。

我們夜觀天象，藉以探求天意，但什麼是天意？《尚書》說：「天視自我民視，天聽自我民聽。」民心才是天意！應人才能順天！漢賊不應兩立，王業不能偏安。我們的軍隊出蜀遠征，呼應的是人心最深沉的渴望。行動合乎人心，必能引動風潮、引動契機，使「人心思漢」的渴望釋放出來，並且將這些力量凝聚在一起，匯成新的時代巨流。

所以，譙太史，天時不能坐待，民心不能辜負，王師北向，為的是順應民心，創造新局，精誠既至，大勢必將改變，歷史終將改寫，這樣的新時代，需要你和我們一起來創造！

——這兩段在天人相感的前提下，結合主觀的情感道義責任和客觀的成功機率兩個方面，說明出兵的必要性，同時跳出辯論的框架，轉為合作的邀約。

一一〇學測國寫分析：「如果我有一座新冰箱」

這次的題目「冰箱」，引起很多的討論，有些批評得很厲害，不過，我不覺得冰箱這個題目出得爛。這個題目裡有很多可能性，基本上，至少可以反映出一些生活上的態度、價值觀，同時看看考生能把這些東西表達到什麼程度。

有沒有鑑別度呢？我覺得有。

這種淺裡帶深的題目，考生如果只能嚷嚷什麼道理的，那是空心蘿蔔；如果只能瑣碎記帳的，那就是真的平庸尋常。如果在淺的題材裡能表現出深的東西，那就是高手。我想，會有鑑別度的。

兩篇引文也發揮了一定的引導作用，我不覺得多餘。甲文給的引導是譬喻，乙文給的引導是象徵。

也就是說，甲文引導大家的是：冰箱可以是「愛情」的譬喻，也可以是任何事物的譬喻，只要生動傳神，考生可以放手去譬喻，沒有限制。比如說，我們打開冰箱時，在一片黃光裡，東西琳琅滿目並陳；我們關上時，卻是一片黑暗和冰涼。這像啥？感覺敏銳、聯想豐富的，就可以一展身手了。這題本是在「情意」向度裡做測驗，所以這個部分厲害的孩子，很可能脫穎而出。這就有了鑑別度。

乙文引導大家的是：冰箱也可以就只是冰箱，考生可以就在冰箱這個東西裡寫生活、寫親情、寫互動、寫態度或想法……，看看大家在這個最生活化的題材裡，「有多少話可以說」。這就像在測試考生：你有多少「生活感」，能不能把它表現出來呢？

什麼叫做「生活感」？就是對生活有感覺、有想法，針對「生活」這件事本身，真的有話說，能說出一點自己的東西。

如果對生活沒感覺、沒話說，那當然是一種自由，但我們現在測試的是「語文」，對生活沒感覺沒話說的人，就摸摸鼻子，回家打 game 或算數學吧。這不是題目不好，是自己不行。

現在新課綱不是要「素養導向」嗎？所謂素養，就是活用所學、全人發展，不能只停留在記憶性的知識層面，也不能只停留在功能性、技術性的能力層面。那到底是什麼？就是「面對生活，你能拿出什麼」。

這包括我們在生活裡看到什麼（別人沒看到的）、想到什麼（別人想不到的）、說出什麼（別人說不出的）。再換個土一點的方式說，就是：「因為你，這個世界可以有一點什麼不一樣？」

關於命題的思路，我目前想到的大概是這樣。接下來說說，我自己答題可能的思路。

如果是我，不會選「譬喻」這條思路。不管是愛情還是什麼，把生命裡那麼複雜的東西比喻成這麼簡單的冰箱，「以簡馭繁」可不是容易的事，除非能想到非常傳神的對應，否則不要為文造情。如果寫得矯情了，那更是文章大忌。所以，如果是我，我會選後者，冰箱就當作冰箱，寫生活。

冰箱是儲物的地方，在物資匱乏的年代裡，當然是「聖地」。在我們小時候那個年代裡，開冰箱一定是血脈賁張，興奮飢渴的。因為物資欠缺，冰箱裡放了什麼，很快就會被掃光。這是我想到的第一種意象，幸福的意象。

後來到外地念書，對窮學生來說，冰箱甚至不是必備或尋常之物，宿舍裡要是能有個小冰箱，那簡直有點豪奢。有一段時間和樓友共用冰箱，看著別人存放的食物飲料，只是這麼眼饞嘴涎，似乎也能乾過癮、窮快活。

但現在已經不是了。現在的物資不虞匱乏，媽媽家裡住著十口人，廚房和餐廳各放了一個巨無霸的冰箱，裡面的東西堆得滿滿的，一打開來，真是黑壓壓的一片。人多手雜，買來的東西有空隙就塞，誰也沒耐心慢慢整理，家裡人找不到東西，總要拉開嗓門大喊：「我買的那個 xx 到底哪兒去了！誰又亂搬東西了？」

我自己住外面，就我們兩大一小住著，照理說，冰箱裡應該單純得多，裡面應該又回到了「小國寡民」的世界，單純簡薄才對。但很遺憾的，並不是。

現在的生活，畢竟比以往優渥。我們的冰箱裡可能有一半的空間，其實是「回收桶儲備站」。我們放在冰箱裡的東西，時常只是「一時不知道放哪兒」、「現在還捨不得丟掉」以及「沒有時間整理」的東西，不知不覺，它們就過期了。它們最後的歸宿，時常都不是人類的肚子，而是廚餘桶和垃圾桶。

換句話說，冰箱，至少有一半的功能，只是存放未來的廚餘和垃圾。

這個結論很驚人。但是，它是事實，而且，它很可能成為這篇文章的亮點。

為什麼呢？因為這裡面有很多東西可以說，古人說，為文以立意為先，我們的立意就要在這裡下手。

東西買來就丟冰箱，不分類，這就是一種生活習慣。不肯定期檢查、清理自己的冰箱，這是生活態度。東西亂塞，越塞越多，對冰箱深處那一片黑壓壓的朦朧越來越懶得理會、不願處理，這就跟生活格調、生命意志有關了。

我們對「物」的態度，反映的常常就是對生命的態度。自己家裡的冰箱，就像一面鏡子，清楚地反映出我們對生活的處理能力。而辦公室裡的冰箱，更像是一面照妖鏡，人們的私德公德都清晰映現。

因為是公用的東西，會有人不小心打翻濺溢，卻不處理；也有人任由食物冰到發臭，絕不過問。剛開始當然是因為遺忘，但時間一拉長就會發現，那裏面有更多的成分其實是不在乎。冰箱不只是冰箱，簡直是冰鑑，足以鑑照人心，毫髮畢現。喔對了，「冰鑑」本來就是一本書的名字，講的就是相法。

如上，如果我是考生，我不會勉強自己，做不熟悉的編造，所以我不選甲文的譬喻，而選擇了乙文的思路。

看起來，我就真的只是在寫冰箱，在寫生活，但是這個生活題材裡，卻有很多很多的東西可以想、可以說，而且可以說得很深。我們的文章，就要在這個地方見功夫，凸顯出真實而獨特的立意。

其實，寫作文本來就不用造假，那些以為寫作文就應該造假、不妨造假，或者以為寫作文就是掰謊大賽的人，其實都糟蹋了「文」這個字。

《易經．繫辭》說：「修辭立其誠。」把真話說好了，就是最好的修辭。

（本文經刪減後，曾登載於聯合報 2021.1.26 民意論壇）

一一〇學測國寫題試作：「如果我有一座新冰箱」

這次的國寫題目，是「如果我有一座新冰箱」。我且用目前的生活經驗來寫一篇試試——

家裡的冰箱，是在十年前遷入時買的，那個時候就是新冰箱。我已有過新冰箱，如果再有一座，應該要和十年前有點不同。

對我來說，關於美好生活的想像，不是放什麼東西進去，而是留出多少空間。

我為新家裝潢時，設計師特別提醒我：「少做櫃子，房子是給人住的，不是拿來堆東西的。」她是我的學生家長，說話向來直來直往，一針見血，說得我冷汗直冒。

同樣的，冰箱裡冰東西，是為了拿出來吃、拿出來用的，不是為了拿來堆放東西，把東西扔進去，好讓自己「眼不見為淨」的。

可我們的意志畢竟薄弱，設計師言猶在耳，我們家裡已經亂象紛呈，冰箱裡也開始擁擠不堪。

冷凍庫裡剛剛扔掉了三包湯圓，昨天逛超市，妻又買了兩包。我早餐愛吃包子饅頭，晚上買回來要冰，打開冷凍庫，裡面黑壓壓的，東西完全沒有地方可以冰，只好暫時放在冷藏。

如果我這兩天忘了吃，它很快又要成為冷藏庫裡的「黑壓壓」，讓我們更找不到空間可以冰其他東西了。

冰箱是生活習慣的縮影，也是我們心念的鏡子。我們放在冰箱裡的東西，時常只是「一時不知道放哪兒」、「現在還捨不得丟掉」以及「沒有時間整理」的東西，不知不覺，它們就過期了。

這些食物最後的歸宿，時常都不是人類的肚子，而是廚餘桶。

過去的冰箱，反映著我們對匱乏的恐懼，而如今的冰箱，則清楚折射著我們的懶散、混亂甚至是苟且——只要是一時想不清楚的，都先扔進去。

但冰箱並不是我們生活的重心，我們很快就會把裡面的東西遺忘。等我們需要什麼的時候，又會買上一堆，認為自己一定會記得把它吃掉。其實，絕大多數的時候，我們都會忘掉。

就像做讀書計畫時，我們總會不小心把時間排得太滿，以為自己意志堅強專注，忘了自己的軟弱和渙散。搬新家的時候，我們也會不小心做太美好的設想，以為自己可以讓家裡永遠保持乾淨。

同樣的，如果我有一座新冰箱，我是不是也打算要分類，要貼標籤，要定時購買、定時清理？

才不呢，我再也不要騙自己了。

如果我有一座新冰箱，我會寫好四個字，用冰箱貼放在門上，每次要打開冰箱都會看見。

那四個字，就是「大盈若虛」。我想，這就夠了，所有的提醒都在裡面。

一一一學測國寫分析：「樂齡出遊」

今年學測的國寫題目，出了一個特別的「樂齡出遊」。題目要求考生想辦法寫出「樂齡出遊」的意義，乃至如何照顧到長者在生理與情感上的需求等等。所謂的「樂齡」，是六十歲以上年齡段的別稱，其實就是老人。

這個題目首先給人的印象是容易的，因為好像寫的就是照顧長者，表現愛心，很容易說出一番道理，這個大家都不陌生。

但這種題目其實也很難。難在於這些道理看起來顯而易見，說出來往往是老生常談，了無新意。更難的地方在於，這些道理很可能都是「撐」出來的，寫作者生命裡根本沒有這種真實的感覺。

青少年關注的問題、在乎的事情、投入的領域，都是些什麼？我們多少都能夠想像。若沒有照顧老人的經驗，對於老人的生活起居、行住坐臥、心理需求，他們其實還是陌生，那麼，對這種主題究竟能夠深入到什麼程度？我們想測驗出來的東西，如果不是學生對於老人問題的關注程度，那又是什麼？該是什麼？

可以想見，一個資質普通的學生能想到的，不外是家裡的阿公阿嬤，隔壁的老杯杯老婆婆，接下來，不是「溫暖的心」，就是「季節的感思」，要不然就是「靜夜情懷」，總之要弄一個濫情的故事，就像當年基測的「捨不得」，老是寫阿公阿嬤死掉了，一把鼻涕一把眼淚，然後眼角的餘光又是淚又是陽光又是天空的，完事。

我不知道命題者期待的是不是這樣「感人肺腑」的格局。如果是，那這題目就沒有什麼討論的價值了。但如果可以不是、可能不是，那麼，這種題目可以想的、可以挖的空間在哪裡，值得我們思考的又是什麼？

題目是「樂齡出遊」，有一個點很值得注意，就是題目的注解裡提到的「樂以忘齡」。樂以忘齡，出處當然是樂以忘憂。在《論語．述而》裡面，孔子說：「其為人也，發憤忘食，樂以忘憂，不知老之將至云爾。」

「老」是一定會來的，而且對老人來說，它已經來了。就生理上來說，想要「不老」是絕不可能的，頂多延緩而已，我們唯一能做的事是忘記它。所謂忘記，不是自欺欺人，也不是消極逃避，而是心裡有更大的力量：「樂」出現了，以至於「老」的威脅、傷害能力就降低、減退或消失了。

可是，孔子那段話裡的「樂」，和他的生命態度是連在一起的。能夠「樂以忘憂」的前一步，就是「發憤忘食」，那是孔子對自己心態、作為的描述，是他自己做到了這個境界，而不是別人的影響。而這個題目裡的「樂齡出遊」，所舉的例子都是「別人」帶老人出遊，和孔子原文大不相同，顯然不能生搬硬套。

難也就難在這裡。要帶老人出遊，我們懂老人嗎？我們知道老人需要什麼嗎？老人的所需，我們能給得出、給得起嗎？我們所給的，老人真的喜歡、真的受用嗎？還是我們只是假慈善之形，遂沽名釣譽之意？或者只是透過此舉，來感覺自己是個溫暖的善人，藉此強固或優化自己的存在感？

我們都知道，現在流行的偏鄉服務，有時只是個變相的夏令營，給偏鄉當地的學校帶來一些無形的困擾。我們也知道，到老人院去做慈善服務，要求老人戴上這個帽子、穿上那個衣服，集中在一起看那些奇怪的表演，許多老人其實兩眼無神，絲毫不感興趣，只是虛應故事，走走過場而已。

這題目考的是高中生，題材寫的是老人，題目是「樂齡出遊」，等於是要年輕的高中生去考慮怎麼帶老人出遊。這裡面的隱含前提，就是「這樣做，老人會高興」。可是，如上一段所述，我們做這些事情，老人真的會高興嗎？我們真的知道，「到底要怎麼做，老人才會高興」嗎？還是我們只是樂呵呵地辦自己想要的活動，表現自己所認為的愛心？

這就是這種題目的最大陷阱。往好了說，學生要是能勘透這一點，往深處寫去，也許就可以進入高分群，對於思考能力較優的學生，有一定的鑑別效果。往壞了說，也許絕大多數的學生都突破不了這一關，怎麼寫也都只是「想像」自己的溫暖和善心，「想像」老人獲得的感受和快樂。但是，可能也都是一廂情願的「想像」。

幸好，這題目裡留了一個線索，對於無法弄懂老人需求的年輕人來說，可算是一條重要的出路，那就是：題目要求「說明樂齡出遊的意義」。

這就好辦了。樂齡為什麼要出遊？樂齡出遊的意義在哪裡？可以從這裡開始想。

從題目的例子來看，這些老人身上所受的最大限制，無非是體力、耐力、生理的病痛。那麼，讓他們出去環島，去騎車，做這些近乎危險或至少是瘋狂的事情，意義何在？

在於他的權利，享受快樂的權利。

對於已經失去主場的老人來說，他已退到了社會的邊緣，任何主要的、熱鬧的、活力四射的活動都和他沒關係了，因為他沒有那個條件。現在要讓已經「樂齡」的老人還能「出遊」，而且不是包遊覽車走豪華團，竟是騎摩托車環島，坐三輪車兜風，這意味著什麼呢？意味著他只是失去了某些現實條件，並沒有失去快樂的資格或能力。

他不是只能在老家看房子，在鄉下種菜，也不是只能含飴弄孫，或者每天盯著電視入睡。作為一個人，他不只是需要享有物質便利、人際尊重這些基本條件，他還需要「別人可以我也行」的想像空間，他可能需要活動場域和舞台，可能需要可以投入的目標和成就感，可能需要做些不是別人期待而是自己想做的事。

換句話說，他可以不必只是個退場的「老人」，他還是個完全自由的「人」。

我上禮拜到郊外去，正好行經一間「敬老院」，門口立著一塊招牌，上面用紅字赫然寫著「嚴禁私自外出」。那幾個字，看得我驚心動魄。這項要求當然是院方出於安全考量、管理方便所設，但也正好精準地說明了老人最缺的可能是什麼。為了照顧、保護老人，所以嚴密的看管著他們，他們的肉體是安全了，但心靈同時也被禁錮了。他不再是自己了。

這也許是身為老人最可悲的地方。他需要更多的照顧，也可能面臨更多的危險，在客觀條件上「不得不」做出一些限制，以策安全。但與此同時，他們也失去了很多自由。

我父親中風之後，有一段時間必須插著鼻胃管進食，但鼻胃管插在鼻孔裡，誰會舒服？不舒服時必然要拔，這一拔就前功盡棄，護士必須重新來過，冒著一定程度的風險再把鼻胃管緩緩伸入他的鼻腔、喉嚨、體腔裡去。為了避免風險一再發生，將病人的手固定在床上成了最安全的做法。而那個失去自由的畫面，或許正是每個老人最害怕的噩夢。

幾十年前，吳念真拍了一部電影，叫做「多桑」，主角蔡振南演的是吳念真的爸爸。我印象最深刻的一幕是，他爸爸不堪病痛折磨，自己拔掉了身上所有的東西，轉身跳下高樓，結束自己的生命。因為失去了自由活動的能力和條件，人很可能因此喪失所有的求生意志。

所以，我們也許未必都懂得老人，未必都有照顧老人的經驗和知識，但有一個點切進去是不會錯的，就是老人需要和年輕人「沒什麼不同」，這個需求，在本質上就是自由。「樂齡出遊」的意義，也許可以從這個地方切進去。

正如引文所述，那些不老騎士有的癌症、有的戴助聽器、有的高血壓，帶他們出門，顯然有一定風險，迫切需要那些輔助措施、專業知識和技術條件。如題目所說，要照顧到長者在生理與情感上的需求，當然有許多細節可以討論。

但這所有的技術問題，都比不上一件事情來得重要，就是：這回他們真被當成一般人看待了，年輕人可以的，我也行。他獲得了不被當成老人看待的自由，和年輕人一樣上山下海去玩耍了。

這正是我們最難給出的東西。我們可以給出物質條件，給出各種精心設計的娛樂團康，還可以給出精神上的尊重，甚至榮耀。可是，我們如何讓他覺得：我不是老人，不用受到特殊限制？

要達到這個目標，「出遊」是最好的做法。一旦讓他們可以在開闊的空間自由移動，就擺脫了斗室（如敬老院）的密閉環境，創造了自由的心理條件。國內「不老騎士」的計畫讓老人們一起出遊，那麼，他們的「還我青春」之旅就不是特立獨行，而成為共享和交流。丹麥「樂齡卡打車」和老人們一起兜風，這一場旅程就不只是「老人團」，而是年輕人的在乎和傾聽。

而無論是哪一種，樂齡出遊的老人們在旅途中都成為主角，獲得舞台，完成挑戰。他不再是退場者、邊緣人，也不再扮演被期待的固定角色，他重新成為了自己。

《論語．公冶長》裡有一段話，是孔子要顏淵和子路談談志向。子路說的，是「車馬衣裘與朋友共，敝之而無憾」。顏淵說的，是「無伐善，無施勞」，比子路更進一步，希望自己行善也不居功。孔子的答案呢？「老者安之，朋友信之，少者懷之」。這是最徹底最究竟的答案，因為裡面沒有善行和功勞，只有真摯的關切。他最大的夢想，不是給別人什麼，而是讓別人滿足真正的需求。

關於「樂齡出遊的意義」，如果往這個方向去寫，大概就能寫得比較深了。因為這個思路不只是對特定族群的關懷，也不至於在無形中為自己的善心擦脂抹粉、增添優越感，這樣想的時候，就回到了對於「人」的深沉關懷，或許比較容易寫出分量來。

不知道命題者在設計這道題目的時候，想到的是怎樣的層次呢？

（本文經刪減後，曾登載於聯合報 2022.1.26 民意論壇）

一一一學測國寫分析：「當我打開課本」

看到這個題目：「當我打開課本」，不知為什麼忍不住就笑了。「當我打開課本」，那不就是睡意漸濃的時候嗎？

大家都知道，失眠、睡不著的時候，課本就是最好的「催眠良方」。對我來說，數學課本一打開，首先是頭昏眼花，然後是眼皮沉重，接著是思慮停滯，不久就鼻息沉沉，趴下去打鼾了。還打開課本咧！要不是為了該死的考試，誰要打開課本？看看小說、漫畫不是很好嗎？

喔。當然，以上狀況描述的是我這種頑劣的學生，若是品學兼優的資優生可能會有點不同。可是，無論如何，像我這種狀況的學生一定不少，要像題目說的，一打開課本，就要出現什麼「知識的想像」、「驚奇的旅程」，絕不是那麼理所當然的。

再回頭看一下題目引的那首詩，開頭就是「關於地球的記憶，被文字固禁在課本裡」，看到這句，我首先想到的問題是：如果可以親自去探索山脈和海洋，領略花瓣和露水，那麼，為什麼要在被「固禁」的監獄裡探視它？

這就是「課本」本然的、無可迴避的限制。若要在這個限制裡寫出寫出對知識的熱情，一個不留神，就會變成造假、強顏歡笑、故作好學，乃至堆砌渲染一片歌頌。不論是以前的命題作文，還是現在的國寫測驗，最大的危險都在這裡——在題目裡暗示學生價值的所在，讓學生用辭采華茂的文字全力支持，以證明自己對此價值的信仰與實踐，並獲得高分。

如果我們不想落入政治正確、歌功頌德的窠臼，就要避免輕易掉進歌頌知識的主旋律，回到更具體的情境，問出更真切的問題。譬如，我們的課本，究竟帶來了什麼？又能帶來什麼？

打開課本，想要連接到題目所說的「知識的想像」和「熱情」，並非一切理所當然。中間顯然需要一道必要的手續，從題目的引詩來看，這道手續首先來自詩中的關鍵詞：「翻譯」。

如引詩所說，「筆尖游走在山脈和海洋，翻譯花瓣的嬌嫩和露水的清新」，山脈、海洋、花瓣、露水指的是這個世界的無窮奧秘。如果我們不是走向世界，逐一探索，而是坐進課堂，打開課本，那麼，這個廣闊無垠的世界就必須精簡濃縮，必須準確轉譯，收納在有效的符號裡，讓我們引發想像，提起興味，對這個世界展開探索的雄心。

那麼，我們打開課本，真的會遙想山脈和海洋、花瓣和露水，展開天馬行空的遐想嗎？要啟動那樣豐富的想像，首先是課本已將世界的奧秘進行了鮮活對應的「翻譯」，其次是我們必須對這場翻譯進行恰當準確的「理解」。前者取決於課本的編寫，不是在這篇文章所能討論；後者關係到學生的理解可能，則是這篇文章真正的重點。

換句話說，學生在這裡必須試著如題目所說的「從不同角度切入課本」，展示自己獨立思考、多元探索、深入理解或深刻感悟的能力。而這樣的展示，一定要來自具體的情境、真實的事例、真切地體會。

像題目所舉的「物理課可讓我們發現萬物運行的迷人，生物課帶領我們進入細胞核遊歷」，說真的，我不知道他在說什麼。萬物運行的迷人？進入細胞核遊歷？這些話怎麼看都像是故作解人的自言自語，讀起來好尷尬。

至於「採菊東籬下，悠然見南山」，「輕羅小扇撲流螢」，這些例子實在不佳，距離學生的生活情境太遠了。如果跟著題目這種例子想下去，大概無可避免地又要來一堆假文青的矯情囈語，那是可以預見的災難。

別的科目我不熟悉，不敢亂舉例子，就國文來說，我們的課堂裡從不隔靴搔癢，也不迎合當道，更不人云亦云，每一篇課文在開始之前，都得先問：為什麼要讀這篇？它跟我有什麼關係？讀了以後又如何？這篇文章的歷史場景是什麼？時代意義是什麼？我應該在這篇文章裡留意哪些問題？有哪些問題是我感興趣的、對我有意義的？我會用什麼方式來理解這樣的事件或主張？

我一直記得，我們在上新詩時，有學生在課後跑來問我：老師，人為什麼要讀詩？上飲食文學時，有個孩子的母親是來自越南的新住民，她在課堂上為大家介紹越南菜的時候，點滴拾掇母親的家鄉記憶，非常動情。上戰國策時，有學生從馮諼寄食為客談行銷的逆向操作，鞭辟入裡，洞見深刻，贏得現場一片喝采。還有學生相約在下課後來追問：老師，我們讀書的意義究竟在哪裡？怎麼理解讀書這件事才好？

這些美好的時刻，既是從課本開始，卻也不是。課本是個材料，是個起點，真正引發同學產生探索的熱情、知識的經驗，其實是師長，是同儕，是課堂。對這些充分享受學習過程的孩子來說，他寫這種題目自然駕輕就熟，而且保證真誠懇切。但這種探索氛圍若未在師生互動之間形成時，光靠那本課本，要學生自己產生什麼知識的想像，驚奇的旅程，說真的，苛求了。

我不否認有些極優異的學生有自學成材的潛質，但那些學生既能自學，也未必非打開課本不可，在生活裡到處都能找到閱讀探索的材料。至於其他大部分的學生，要對課本產生那樣深刻的印象、強烈的熱情、探索的興趣，基本上還是來自課堂思路的引導。關鍵在人，不在書。

我上物理課，從未發現過「萬物運行的迷人」，只覺得枯燥無味。在生物課看到細胞核的圖片時，從來也沒有「遊歷」的樂趣，只覺得乾澀已極。打開課本，就是地獄之旅的開始。

朱光潛曾說：「學校教育，只有兩個重要的功用：第一是啟發興趣，其次就是指點門徑。」很可惜的是，在我學習物理、生物、數學時，這兩項功用幾乎都趨近於零。我想，如果沒有遇見良好的引導，只靠那本課本，要發揮多大的作用，我深深感到懷疑。

就像《孟子離婁》說的：「徒法不能以自行。」更像蘇軾的〈留侯論〉說的：「且其意不在書。」一張良遇見圯上老人，關鍵在人的提點，不在那本兵法。朱光潛說：「念講義看課本，免不掉若干拘束，想藉此培養興趣，頗是難事。」學生打開課本時，若他沒有遇見良好的提點，要他寫這樣「打開課本如何想像、如何驚奇、如何探索」的一篇文字，實在有些為難。

所以，這種題目表面上在考學生探索的熱情、想像的活潑、解悟的深刻程度，但實際上可能不是這樣。實際上，它也考了學生的機遇，學生如果在課堂上沒有遇到良好的引導，讓他光憑課本，就要寫出自己對知識的各種熱情和想像，很可能就成了吹牛編故事大賽了。

所以，就學生來說，我們當然要鼓勵他好好展示自己獨立思考、多元探索、深入理解或深刻感悟的能力，越真切越深入越好。這種題目，就要這麼寫。

但就命題者來說，我認為他草率了，大意了，沒有閃。呃，不是。命題者把焦點放在課本，顯然是高估了課本的引導能力，忽略了真正引發興趣的關鍵所在。命題者想當然耳地認定了學生可以在課本裡熱情翱翔，以至於幾乎無可避免地，催促著那些對課本無感的學生撒謊，還得撒下漫天大謊。

因為，這一題足足佔了25分，無論他對課本如何無感，他都不敢說真話。讓學生在正式場合中練習說謊、習慣說謊，這是考試命題所可能帶來的最大危害。茲事體大，不可不慎。

表達

模擬考後，辦公室的景象非常驚人，這裡那裡，到處有小孩考壞了在哭，這裡那裡，也到處有小孩和老師懇談。孩子們學測在即，壓力非常大，很想弄明白自己的分數為什麼這麼低，於是追著老師跑，甚至落淚。

感覺得出他們實在用功，真的在乎，看著心疼，真是一群好孩子。於是，我忍不住替他們想了一想，最近大概想出了底下這點思路，不知對他們有沒有用。

所謂寫文章，或許是在主客之間，尋找一種平衡。主觀處，是指生命主體的內在發抒，而客觀處是外在讀者的理解、接納與共鳴。對創作來說，這兩者之間不能偏廢。

如果我們不在乎讀者，純粹只是想要發抒自己，想像中，那似乎應是真情實感的至文，但結果卻可能不是。因為抒發自己的過程中，我們有時只是把各種真實的混亂和跳躍，如實地呈現出來而已。但對讀者來說，因為他不具有完全相同的經驗與背景，對於那些邏輯上的間隙、表達上的跳躍，他未必能夠自動的腦補成功，也無法理所當然地完成他同情的理解。寫的人很激動，但讀的人莫明所以。這種時候，是作者的主觀性超越了客觀性。

他或許以為讀者應該懂，尤其是他期待中想像中的知音，更應該懂，但究其實，很可能是他自己沒有做出完善的表達。人家不懂，只是因為他表述的客觀性不足，創作者過度仰賴那種偶然的共同經驗和情境，也過度仰賴想像中無所不知的知音。

但客觀性實在不應該被忽略。創作者如果寫出來是要給人家看的，他其實就有責任要說得更清楚一些，更傳神到位一些，而不是一廂情願地說「我就是喜歡這樣說」、「我就是習慣這樣說」等等。當然，有些厲害的創作者，他個人的喜歡和習慣，裡面也有足夠的客觀性，他能契合創作中的某些精微規律，那當然也是可以的。

但更多的時候，我們沒有那樣的本事，真正的情況可能只是因為我們對讀者沒有做出完整的同理，未能設身處地地為讀者想過，所以文章就成了自說自話，無法喚起共鳴。這是我所說的客觀性的重要。

但還有另一個問題，正好相反，是對於創作的主觀性過度忽略。有的老師不斷強調創作技巧，有些孩子們也深信，只要他們掌握了足夠的創作技巧，他們就可以得到理想中的分數，但我為此深感憂心。

有些老師相信文章可以不必真實，可以說說假話，編編故事無妨，只要寫起來合乎創作規律，照樣是好文章，對於這種看法，我實在很難同意。

文無定法，未必有什麼真正百分之百的創作規律，即使有的話，最重要的創作規律，也應該就是「真」，必須是真情實感的自然流露。小說故事裡也許有一大堆的東西都是虛構，但創作者想要表達的仍然必須是真實的人性，他對創作的態度仍然必須是真誠的，他不應把忽悠和耍弄當作本事。如果連老師都教孩子們寫文章不必真，整個教育的起點就已經失去了，什麼都不必談了。

我所說的主觀性，就是文字裡面要有足夠的東西，是真真切切屬於自己的，不是從外面拷貝來的。有許多人寫文章，不是在說自己想說的話，只是上一句接下一句，上一段接下一段，一句句一段段都有套路，反正上了那麼多年的國語課、國文課，上句是什麼，下句總該有個什麼接法，於是都在那些套路裡說話，文章寫完了，沒有一句可讀，沒有一句有滋味，全是乾巴巴的殼。

那就很像皮膚長繭壞死以後摳下來的皮，對，那種文章就是長繭壞死摳下來的皮，看著倒像是人皮，但裡面沒有了血肉精魂，全是空殼子。這就是缺少了生命主體的主觀性，只剩下他自己習慣了的規律，而自以為那是所謂的創作技巧。

所以，這幾年我總在想，所謂創作，或許正是主觀性和客觀性的調融，只有主客觀彼此適當地交融滲透，才能形成一篇好文章。

現在的大考，其實已經發展出某些固定的模式，裡面有感性題，也有知性題。其中的知性題，多半是讓孩子們針對這個世界的某一種現象或議題表達看法，而且還時常讓他們二選一。對閱卷者來說，沒有固定答案，只要言之成理，能夠自圓其說，就算是好文章。

但我發現，他們寫起知性題，常有一種共通的毛病：自說自話。這很像我們在臉書上時常看到的文章，把自己的立場和主張反覆強調申說，甚至不惜一再重覆，而對於反對者的立場主張，則幾乎一概不加考慮。在流行次文化之中，又遠不只此，力氣都用在了辱罵嘲諷，而不是說服。

其實，我總覺得，要寫知性題，很像我們現在面對公民議題，需要的能力很類似。如果我們有了明確的主張，最需要做的，不是去找同溫層取暖，和他們一起大聲吆喝，盡力辱罵批判反對的陣營，而是反過來，去理解反對者在想什麼。

當我們能夠理解了他們的立場和想法，對他們有了一定的同情和想像，我們的語言才會開始產生效度。

要寫知性題，就像在對公民議題發表意見，我們也許應該想像，這篇文章就是要寫給「反對者」看的，而不是寫給「同溫層」看的。唯有我們想像著反對者在讀，試圖理解他們可能的思路，然後一一為他們釋疑，將他們可能的考量逐一梳理清楚，然後讓他們恍然大悟，發現他們所考量的事情也許是完全出於誤解，發現權衡過後發現他在乎的事情並不重要，發現在某一個點上可能受到了誤導、引起誤判……等等，我們的工作才算成功。

但糟糕的是，我們很可能不耐煩做這些事，我們一旦選定立場，總是不斷地醜化、妖魔化我們的反對者，把髒水盡情的潑在他們身上，彷彿他們是低等生物，完全不屑於說服他們。所以在公民議題上，時常只有攻擊和謾罵，沒有溝通可言。

在這個意義上，大考來考知性題，實在有他的時代意義：讓他們說更有用的話。

我們看到孩子們寫知性題，許多人只是不斷地重申自己的論點，卻很少能夠站在反對者的立場，為他們把可能的疑慮一一梳理清楚。就像這次北模的題目，隱私權和便利性之間，究竟何者重要？重視隱私權的，只是強調個人隱私的重要；重視便利性的，只是強調便利性的重要。相對來講，能夠為對方釐清糾結，解決可能疑慮的文章，還是居少數。

我想，我們需要訓練的，可能正是這種讓反對者聽懂、接納的能力。

如果國語文寫作的考試，它的精神真的是想從過去的感性抒發和八股論述，轉向實際生活場域所需的能力，那麼，我們要訓練孩子的，恰恰應該是和「反對者」說話的能力，而不只是和「同溫層」取暖的能力。

故事

這週四的第八節課，學校沒有排社團活動，發了一張通知單，要求導師要安排班級活動，算是導師的鐘點。

我提早在班群裡發訊息，徵求大家的意見，看是要看影片、慶生會、同樂會、圖書館閱讀……，還是什麼，大家可以自己決定。

隔天，班長來到我的座位旁邊，說：「老師，禮拜四的第八節活動，我們想好了。」

「哦？是什麼？」

「講故事。」

「哇！……好棒！誰講？」

「……請老師講故事。我們想聽老師講故事。」

「……」

呃，不是，聽我講故事？可是我每天、每一堂國文課，不是都在講故事嗎？

「可是他們說，就是想聽老師講故事。」

「呃，好吧。」

我幾乎從來沒有準備過什麼故事，大概我講話總是不太正經，不知怎地，講什麼都像故事了。這一天是教師節，不然這樣好了，跟他們講講毓老師的故事，講講我的故事，也講講關於「老師」這回事，講講讀書求學究竟是為什麼。

我講話的時候，學生眼睛都亮亮的，笑瞇瞇的，好像很高興。

其實我挺呆板的，講的都是老掉牙的東西，也不知那些東西算不算故事。

有一個年輕的實習老師來旁聽，事後很客氣地問我，老師，故事要怎樣講，才能那麼好聽。

我很慚愧，我從來沒有學習過怎麼講故事，也沒有想過故事要怎麼講才會好聽。

我說，我覺得語言文字是很「暴力」的東西。我們常以為自己「有所說」，或者「能有所說」，總是不假思索地假定，語言文字都是有效的，甚至假定我們比聽者更知道什麼，其實，我們可能什麼也不知道，我們其實什麼也說不了，那些假定和以為，其實都是很「暴力」的。

實習老師想要點頭，但是眼睛睜得太大，以至於頭有點點不下去。

我的意思是，語言文字本身的工具力量太強，它時常會回過頭來把我們吃掉，以至於我們陷溺其中而不自知，以為自己真能說些什麼，而其實我們只是陷在語言之海裏浮沉。

語言本身形成了一個巨大的怪獸，我們依附其間，為奴為僕，卻不自知。

那些得意於講述技巧和能力的、拼命宣揚教學方法的，其實在無意間都被語言文字的工具性吃掉了，自己不知道。

自我的虛驕在語言文字的工具力裡面無限膨脹，裡面到處洋溢著宰制性的暴力。

《金剛經》裡面有一句很有趣，「實無眾生得度者。」我不懂佛法，也不敢亂解，但我看這一句總是很有感覺。如果可以超譯延伸一下，那麼我們大概可以問自己：我們是在教書嗎？我們真能教人家什麼嗎？還是我們只是在那些以為自己可以教些什麼的假定裡，日趨陷溺而毫不自知。

也許，我們其實什麼都講不了，也教不了。

我們所說的話，每一個字要吐出去的時候，都只是在做一場自我對話，聽見自己在說什麼，看看自己在想什麼，如此而已。

大約只有如此，放棄我們能說些什麼、教些什麼的假定，消解那些語言文字出場時所帶來的暴力，我們才有可能開始講一個純粹的故事。

每一個純粹的故事都是我們直面晤對的，都是一次生命的追問和聆聽，裡面沒有別人，沒有別的聽者，只有我們自己。

所以不管它是什麼朝代、什麼空間和情境，我們都是赤裸裸地在故事裡直面自己。

於是我們什麼故事也沒有說，只是在每一場故事裡對自己叩問和聆聽而已。

當然，在這樣的情況裡，我們都會在故事的現場，故事也都會在我們的生命裏。彼此交融滲透，沒有區別。

如果我們真的能說什麼能教什麼，那麼那個對象一定是自己，我們只能教教自己，誰也教不了。

至於學生，只是因緣聚合，不得不坐在下面忍受我們自言自語而已。如果她靈機匯聚，那許多的胡說八道，也許有可能還無意間成了甘露法雨。如果她漠然無感，也無須逞能賣弄，展示自己什麼口才。那些都是無謂的暴力，我們只是在那裡待著，能夠給她們一點祝福和善待，就已經很不錯了。

年輕的實習老師聽著我胡言亂語，眼睛睜得大大的，想笑又不敢笑，吃驚又不敢說什麼。臉上有一種又迷惘又彷彿若有所悟的模樣，實在可愛極了。

深度

同事問我說，學生作文老是沒有「深度」，該怎麼辦，看了好傷腦筋。

妙的是，這明明是作文比賽第二名的學生，文筆也很好，但是寫來寫去沒有東西，唯一可取的，是其中還有幾個佳句。接著，她唸了幾句給我聽，確實不錯。

我正思考著，要怎麼回答，她連忙說，你不要回答我，寫在臉書上，這樣我可以慢慢看。

我忍不住哈哈大笑。

笑完了，就開始苦惱，天啊，為什麼我那麼老了還要交作業。我好可憐。

不過說真的，這個問題好像我也該想想，應該怎麼辦。

我首先想到的是，沒有深度就沒有深度啊，先不要管深度，就讓她寫吧。如果從深度這個意思去想去談，那學生就要讀書了，要窮理了，要格物了，要努力地「搬家」，把別人家裡的東西努力搬到自己家裡來。聖哲啊、文人啊、名流啊、賢達啊，一人一句，就有「深度」了。

這樣做的人很多，也有很多看起來做得不錯的，但是，這條路真的不好。生搬硬湊，就算搬得好、湊得順，也是假話。

我們最近正好在上〈晚遊六橋待月記〉，說到他們那時候提出來的觀念：「非從自己胸臆流出，不肯下筆。」要從自己胸臆流出，就不能靠「搬家」功夫。

很多人都說，什麼自己胸臆啊，高中生又沒有什麼社會經驗，沒吃過什麼苦，有什麼閱歷，本來就很難寫出深度啊。

這我很難反駁，不能說這話沒道理。可是，怎麼樣的東西才算有「深度」呢？同事說，欸，像你寫那些東西，什麼小寶啊，練拳啊，都是生活裡很小的事情，可是好像也寫得挺有情味，那是怎麼做到的？還是可以說一說。

嗯，如果是這樣的話，承蒙不棄，那我倒可以試著說說看。

就以孩子的那篇作文當例子好了。作文題目是「遇見」，孩子提到她遇見了周杰倫……的歌。就是說，從她六歲的時候、國中的時候，一直到現在，生命中幾個不同的階段，都聽他的歌。最後，她聽著周杰倫，想起了許多過去的歲月。文章裡大概就是這個意思。

這個意思其實很好，完全沒有問題。問題在於，她在周杰倫的歌裡面聽到什麼，這要說出來。然後，她想起的歲月，是什麼樣的色調，什麼感覺。這也要說出來。

我給學生做過一種練習，就是「流行歌曲」的報告。通常學生寫週記，每一年的學生都會在週記裡分享她聽什麼歌、誰的歌，那個演唱團體如何如何，她又如何熱愛等等，但很少有學生能在週記裡說清楚，那歌到底有什麼好。

所以我連著好幾年，都讓學生做練習，上台報告她喜歡的歌，說清楚這歌到底有什麼精采、哪裡動人，她的感覺又是什麼。但這個題目其實遠比我們想像的難，真的難。很多學生聽音樂都掉淚、興奮、亂嗨一通，但叫她們說清楚，卻瞪大了眼，怎麼也說不清。

當然，每一屆的學生素質不同，有時也會遇到特別好的。就像上學期，我曾把報告太爛的同學當場打斷、趕下台，不准繼續報告；但我也把有些學生的報告圈圈點點，讚不絕口，打了九十五分。差別在哪兒呢？除了是不是認真準備以外，還有一些很簡單的原則，可以檢驗報告的水平。

首先，孩子要能做客觀分析，一定要先把歌詞看熟、看懂，看清楚人家在寫什麼，用了什麼方法去寫，這樣寫的好處是什麼，她可能想說而沒說出來的又是什麼，這都是客觀解讀。接下來是主觀判斷，看歌詞（或聽歌）的時候感覺是什麼，為什麼會有這樣的感覺，這些感覺在她的生活裡，有什麼樣的特殊意義或價值。

譬如，學生的思路是「感懷青春」。可以，但每個人的青春，其實都似同而實異，大家有各自的青春，也有各自對青春的印象、感觸和體悟。若只說「想起青春歲月」，這不行，太含糊了，得把自己青春歲月是啥感覺說出來，或者不說自己的感覺，把青春的獨特意象描摹出來，讓讀者自己去感覺，也行。

這得練習，當然要練習。練習的重點，只有一個標準，就是「真實感」。其他都不重要。

我舉自己當例子好了。我國中的時候沒有周杰倫——當然，我那麼老，周杰倫還沒出生咧。那我聽什麼呢？那時候流行校園民歌，這有很多可以寫，不過，校園民歌太政治正確了，我要寫點真的，就是我也喜歡聽品味不太高的流行歌。

比如說高凌風吧，高凌風有一首歌，叫做〈不一樣〉。那歌詞，連國中時的我都覺得糟透了：

「對妳的感覺並不尋常，對妳的感覺也不一樣，不知想了多少話，都在我的心裡藏，就是不知道從哪裡來講，想要說口兒難開，想形容又不知怎樣形容最適當，總言之一句話，我說不一樣，她就是不一樣。」

如何？是不是很可笑的歌詞？完全沒有品味可言吧？可就是這超級沒品味的歌，陪伴我度過了酸澀的國中歲月。

國中階段的男孩，好像必要找一個有那麼一點喜歡的女孩，來投射自己滿腔的熱情，還有對異性、對這個世界的各種想像。這場投射，因為只是「不切實際的幻想」，絕不付諸行動（拜託，我還要考聯考，我要上建中），這種高度的自我封閉性，使得這份愛慕更加純粹（自己跟想像中的女孩在做夢中談戀愛，那還不純粹？），又因為傾注了所有的青春熱情，不免將這份情感絕對化、獨特化。（我必須說服我自己她有多美，多可愛，多唯一，要不然我是白癡嗎？）

這其實是一份被封死的假愛情，從來沒有踏進真實世界過，純然只是虛象，但這份虛象、幻想，卻是我生活的主旋律。我得在那種酥酥麻麻、酸酸甜甜的感覺裡，我才有動力每天半夜讀書讀到兩點，我才有無邊的情思寫出全校最高分的作文，我才能滿懷希望的期許著：我長大以後會有一場轟轟烈烈、刻骨銘心的戀愛，會有一場被心愛的人「執子之手與子偕老」的人生旅程。那讓我覺得，「長大」是值得被期待的。於是，我奮力地長大、念書。

那麼，是什麼喚起了我「酥酥麻麻、酸酸甜甜的感覺」？就是「不一樣」這種沒品味的歌。「

並不尋常」、「也不一樣」明明就是一個意思，幹嘛說兩遍？管他的，只要在歌曲中能引發那個「她」的想像，讓我把這份情感絕對化、獨特化就行了，其他的都無所謂。

好了，我的青春自述到這裡先打住。我的意思是說，當我要寫一首對我意義非凡的歌時，一方面我要理解這首歌的脈絡，它再爛也有脈絡，技巧爛就算了，但它到底要講什麼呢？我得先客觀解讀，「不一樣」要怎麼理解。然後我為什麼有感覺，我的感覺又是什麼呢？這是對自己感覺的捕捉和觀照，這是主觀判斷。然後我結合起來，解釋了為什麼那個時候會對這首歌這麼有感覺。

我當然也可以說，這首歌讓我想起了我的青春，但這不夠，想起了我怎樣的青春，是「酸澀、微甜、自苦、自戀，而又癡迷、耽美」的青春，我得把我自己青春的「醜態」都講出來。

所以我說，我們練習的重點只有一個，就是「真實感」。只要真實了，寫起來就會過癮，就會痛快，就有機會對這個世界發出邀請。如果我們對於「真實感」的再現越來越熟悉，就會越來越容易召喚讀者的共鳴。

那麼，這樣的東西有沒有深度呢？有，這裡面沒有孔孟老莊，也沒有西方賢哲，但有自我觀照，能反觀自己的生命，讓真實生命裡的某些東西，很自然地敞露出來。這個敞露，就是一場對世界的邀約，邀請這個世界（也就是讀者）一起進到我們的生命裡來，和我們一起對話。這樣，就不用太擔心深度的問題了。

所以說，孩子寫的東西為什麼淺呢？有時候不是她沒有感覺、沒有歷練，或沒有讀什麼厲害的書，而主要是她不太會看自己、挖自己、說自己，她不會自我介紹，她不知道要怎麼才能把自己的感覺掏出來說。

當然，這是要練習的。練習在我們有感覺的時候，伸手（如果可能，拿起筆來）抓住它，就問：欸，這是什麼感覺？怎麼會這樣？這和什麼有關嗎？我的感覺真的只是這樣嗎？還是其實是什麼？這就是最好的練習。

這個練習不是只有在寫作上練，也包括在閱讀上練。怎麼練？

譬如，歐陽修在寫〈醉翁亭記〉，大家都有一堆解釋，我們先不要管那些大道理，就從感覺上問，他為什麼寫這個？他想要寫的到底是什麼？某種程度上，要用我們的「生活感」去問，不能只從文字上問。

他是在政治鬥爭失敗之後，經歷了各種汙衊和否定，被逼出了權力核心，來到被冷落的地方。他要在這裡要找一個答案，去回答自己：做官這麼痛苦，那麼，我還為什麼做官呢？我的快樂在哪裡呢？（或者快樂的可能在哪裡呢？）這是全文核心，這就是用「生活感」去問出來的，不是用課本的「題解欄」和「作者欄」問出來的。

再譬如說范仲淹的〈岳陽樓記〉，大家好像都覺得硬梆梆的，讀不太進去，但我們不妨用「生活感」來試一下。什麼「先憂後樂」，哪那麼多大道理？太生硬了，我們的腦子就死了。我來超譯一下范仲淹的話，他其實是要告訴老滕：

「老哥，想想別人吧，不要一直想自己。淨想自己怎麼受苦，就只能畫地為牢，在小圈圈裡苦下去了。想想那些需要你的人，那些受苦的人們，那些特別弱勢又求告無門的人，那些你當初唸書時豪氣干雲要救助的苦人們。想想他們，你就忘了那些宦海浮沉，忘了那些小人，忘了受憋屈的窘境。」

可他不能直接說，不行。我們看范仲淹用了多大力氣，把他根本沒見過的洞庭湖寫得多美，多麼千變萬化，可原來都是鋪墊，繞著說。那其實是一篇溫柔文章，撫慰他怨氣沖天的好朋友，宦途險惡，怕他摔一跤不夠，再摔更大一跤，所以他要撫慰得好，要撫慰得不著痕跡，就怕碰疼了他的傷口。

這是多麼溫柔的朋友，多麼細膩的用心咧。這就是用生活感問出來的，人同此心，心同此理，古今沒有什麼差別。

好了，舉兩個例子了。那我們拉回來，再看看周杰倫，他的歌為什麼打動人？不是說不出來，是我們沒有練習去說。是旋律，還是歌詞，還是都有？如果跟歌詞有關，那方文山到底都說了些什麼？哪怕我們就找一兩首歌來舉例，也行。

總之，絕不能只說「周杰倫的歌」，這啥？好歹也要有點具體的歌名，最好再來幾句歌詞，說說對歌詞的領悟。青花瓷、髮如雪、蘭亭序、霍元甲，這可能是一種風格，那和葉惠美、七里香、聽媽媽的話、牛仔很忙、落雨聲……能是一樣的風格嗎？不能。每首歌都有他要說的東西，我們如果連這都說不出來，甚至讀者都要懷疑你到底有沒有聽過周杰倫的歌。

所以，學生寫不出深度，真正的原因，不一定如我們平常想像的，書讀太少、閱歷不夠、體驗不足什麼的，不是。我要說一句不中聽的話，主要的原因，可能是平常幹話說太多了。

很多學生寫作文，就是要迎合老師高興，就是要說漂亮話，就是要用修辭，老是說一些自己沒感覺的話，反正只要看起來漂亮就好。這不是沒深度，是太世故，從來不肯好好地、認真地說一說自己，說一說自己真正看見的世界，總把文字當應酬、當工具，拿了東西來就套。

只要勇敢一點，改掉這種思維，我想，深度我不好說，但是，要不了多久，學生一定都能說出有味道、有感覺的話。

語言教學叢書．作文教學叢刊 1101002

文章偶得——命題考試的能力

作　　者　林世奇

發 行 人　林慶彰
總 經 理　梁錦興
總 編 輯　張晏瑞
編 輯 所　萬卷樓圖書(股)公司
臺北市羅斯福路二段 41 號 6 樓之 3
電話　(02)23216565
傳真　(02)23218698

發　　行　萬卷樓圖書(股)公司
臺北市羅斯福路二段 41 號 6 樓之 3
電話　(02)23216565
傳真　(02)23218698
電郵　SERVICE@WANJUAN.COM.TW
香港經銷
香港聯合書刊物流有限公司
電話　(852)21502100
傳真　(852)23560735

ISBN 978-626-386-014-8
2024 年 1 月初版
定價：新臺幣 380 元

如何購買本書：
1. 劃撥購書，請透過以下帳號
帳號：15624015
戶名：萬卷樓圖書股份有限公司
2. 轉帳購書，請透過以下帳戶
合作金庫銀行　古亭分行
戶名：萬卷樓圖書股份有限公司
帳號：0877717092596
3. 網路購書，請透過萬卷樓網站
網址　WWW.WANJUAN.COM.TW
大量購書，請直接聯繫，將有專人為您服務。(02)23216565　分機 610

如有缺頁、破損或裝訂錯誤，請寄回更換

國家圖書館出版品預行編目資料

文章偶得：命題考試的能力 / 林世奇著. -- 初版. -- 臺北市：萬卷樓圖書股份有限公司, 2024.1
面；　公分. -- (語言教學叢書. 作文教學叢刊；1101002)
ISBN 978-626-386-015-5(全套：平裝)
ISBN 978-626-386-014-8(平裝)
1.CST: 國文科　2.CST: 作文　3.CST: 閱讀指導　4.CST: 中等教育

524.31　　　112019099